¡HA RESUCITADO!

Libro de actividades

¡Ha resucitado! Libro de actividades

Bible Pathway Adventures® es una marca registrada de BPA Publishing Ltd.
Defenders of the Faith® es una marca registrada de BPA Publishing Ltd.

ISBN: 978-1-989961-98-8

Autora: Pip Reid
Director Creativo: Curtis Reid
Editora: Aileen Nieto

Para obtener recursos bíblicos gratuitos y Paquetes para Maestros, incluyendo páginas para colorear, hojas de trabajo, exámenes y más, visite nuestro sitio web en:

www.biblepathwayadventures.com

www.biblepathwayadventures.com
¡Ha resucitado! Libro de actividades

2

© BPA Publishing Ltd 2023

◇◇ **Introducción** ◇◇

Disfrute enseñándoles a sus niños sobre la Biblia con nuestro *Libro de actividades: ¡Ha resucitado!* Lleno de detallados planes de lección, páginas para colorear, divertidas hojas de trabajo y rompecabezas para ayudar a los educadores como usted a enseñar a los niños la fe bíblica. Incluye referencias detalladas de las escrituras para una fácil búsqueda de versículos bíblicos y una práctica guía de respuestas para padres y maestros.

Bible Pathway Adventures ayuda a los educadores y padres a enseñar a los niños la fe bíblica de una manera divertida y creativa. Lo hacemos a través de nuestros cuentos ilustrados, libros de actividades y actividades imprimibles, todo disponible en nuestro sitio web www.biblepathwayadventures.com.

Gracias por comprar este libro de actividades y apoyar nuestro ministerio. Cada libro comprado nos ayuda a continuar nuestro trabajo proporcionando paquetes de clases gratis y recursos de discipulado a familias y misiones alrededor del mundo.

¡La búsqueda de la verdad es más divertida que la tradición!

www.biblepathwayadventures.com
¡Ha resucitado! Libro de actividades

3

© BPA Publishing Ltd 2023

◇◇ **Tabla de Contenidos** ◇◇

www.biblepathwayadventures.com
¡Ha resucitado! Libro de actividades

6

© BPA Publishing Ltd 2023

Viaja al pasado

Nuestra visión es proporcionar materiales que sean culturalmente, históricamente y bíblicamente sólidos para ayudarle a enseñar a sus niños la fe bíblica. Cuando leemos la Biblia en el contexto de la antigua cultura hebrea, cobra vida y revela la belleza y riqueza de la fe.

¿Por qué usamos nombres hebreos, como Yeshua? ¿O incluimos las fiestas bíblicas como la Fiesta de los Panes sin Levadura y el Pentecostés (Shavu'ot)? Porque entender estos nombres y festivales hebreos nos ayuda a liberar la belleza de cada relato bíblico… Una riqueza y entendimiento que se pueden perder si los vemos solamente desde una perspectiva occidental moderna.

Por ejemplo, Mateo 26:34 dice: "Antes que el gallo cante, me negarás tres veces". En su contexto cultural e histórico, esto no se refería a un gallo cantando, sino al pregonero del templo, un sacerdote que anunciaba los servicios y sacrificios matutinos del templo en la época de Yeshua. ¿Sabías que el nombre moderno "Jesús" solo ha sido usado por 500 años? Esto significa que María y los discípulos habrían llamado al Mesías por Su nombre hebreo real, Yeshua o Yehoshua, que significan "Dios salva" o "Dios es mi salvación". ¡Qué maravilloso!

Así que… hagamos un viaje en el tiempo, ¡y disfrutemos de la riqueza de la Biblia!

www.biblepathwayadventures.com
¡Ha resucitado! Libro de actividades

7

LECCIÓN 1 | Plan de la lección
La última cena

Docente:_____

El pasaje de la Biblia de hoy: Mateo 26:1-56, Lucas 22:1-53, Juan 13:1-18:14

Oración de bienvenida:
Rece una simple oración con los niños antes de empezar la lección.

Objetivos de la lección:
En esta lección, los niños aprenderán:
1. Qué pasó en la "última cena"
2. Qué discípulo traicionó a Yeshua

¿Lo sabías?
En el idioma hebreo local, Getsemaní significa "prensa de aceitunas". Muchos olivos crecían en el jardín de Getsemaní.

Resumen de la lección de la Biblia:
Al comienzo de la Fiesta de los Panes sin Levadura, Yeshua (Jesús) y Sus discípulos comieron en un aposento alto en Jerusalén. Yeshua oró y agradeció a Dios por el pan y el vino. Mientras comían, les dijo: "Uno de vosotros me traicionará" (después de eso, Judas fue y les dijo a los líderes religiosos dónde encontrar a Yeshua. Le pagaron 30 piezas de plata). Esa noche, nuestro Mesías se hizo como un siervo y lavó los pies de Sus discípulos. Quería mostrarles cómo servirse unos a otros. Luego salieron de la ciudad y caminaron hacia un jardín en el Monte de los Olivos. Allí los líderes religiosos encontraron a Yeshua, lo arrestaron y lo llevaron ante Anás, el suegro de Caifás, el Sumo Sacerdote. Llenos de miedo, los discípulos abandonaron a su Maestro y huyeron.

www.biblepathwayadventures.com
¡Ha resucitado! Libro de actividades

8

© BPA Publishing Ltd 2023

Repasemos:

Preguntas para hacer a sus estudiantes:

1. ¿Por qué se reunieron Yeshua y Sus doce discípulos?
2. ¿Cómo Judas traicionó a Yeshua?
3. ¿Cómo Yeshua les mostró a Sus discípulos a servirse unos a otros?
4. Después de la cena, ¿a dónde llevó Yeshua a Sus discípulos?
5. ¿Cómo reaccionaron los discípulos cuando Yeshua fue arrestado?

 Un versículo de memoria para ayudar a los niños a recordar la Palabra de Dios:

"Yo soy el camino, y la verdad, y la vida; nadie viene al Padre, sino por mí" (Juan 14:6).

Actividades:

Cuestionario de la Biblia: La última cena

Sopa de letras de la Biblia: La última cena

Hoja de trabajo de comprensión: Panes sin levadura

Hoja de trabajo: Fiesta de los Panes sin Levadura

Hoja de trabajo: ¿Cuál es la palabra?

Actividad de la Biblia: Piezas de plata

Página para colorear: Este es Mi cuerpo

Hoja de trabajo: El árbol de olivo

Hoja de trabajo: ¿Qué es un discípulo?

Completa la imagen: Jardín de Getsemaní

Cuestionario de la Biblia: Monte de los Olivos

Hoja de trabajo: Los líderes religiosos

 **Oración final:**

Termine la lección con una pequeña oración.

www.biblepathwayadventures.com
¡Ha resucitado! Libro de actividades

9

© BPA Publishing Ltd 2023

La última
CENA

Lee Mateo 26:1-56, Lucas 22:1-53 y Juan 13:1-18:24.
Responde las siguientes preguntas.

1. ¿Dónde comió Yeshua con Sus discípulos antes de Su arresto?

2. ¿Qué comieron y bebieron en la comida?

3. ¿A quiénes les lavó Yeshua los pies?

4. ¿Quién se fue de la cena para traicionar a Yeshua?

5. ¿Qué mandamiento nuevo dio Yeshua a Sus discípulos?

6. ¿Quién dijo Yeshua que lo negaría?

7. ¿Qué disputa surgió entre los discípulos?

8. ¿Qué haremos si amamos al Mesías? (Juan 14:15)

9. ¿Quién dijo Yeshua que nos enseñará todas las cosas?

10. ¿A dónde llevó Yeshua a los discípulos después de la comida?

www.biblepathwayadventures.com
¡Ha resucitado! Libro de actividades

10

© BPA Publishing Ltd 2023

La última CENA

**Lee Mateo 26:1-56, Lucas 22:1-53 y Juan 13:1-18:24.
Encuentra y encierra en un círculo las siguientes palabras.**

```
X O L Z U E C I M X J A B R H
N J B V X E U D P V Z P L W J
J I A K J N E G P F R O A C U
F W C G N K R Y G U N S V H D
S Y S U X E P U A F P E A U A
I X B Q X V O Q E H E N R W S
P D I S C Í P U L O S T P W A
T A I O K A F X M W M O I P N
R C D Y D A L I A N Z A E W G
L M H R K E A U G Q K L S H R
B H D I E E V Y A I I T R L E
J F M I Y E L Q R H L O I V T
E Y W T W G H Q S C O P A E H
A S O R H Y E S H U A Z A K E
P A N M A N D A M I E N T O D
```

ALIANZA

SANGRE

PAN

APOSENTO ALTO

MANDAMIENTO

CUERPO

JUDAS

PADRE

DISCÍPULOS

LAVAR PIES

YESHUA

COPA

www.biblepathwayadventures.com
¡Ha resucitado! Libro de actividades

11

© BPA Publishing Ltd 2023

Fiesta de los Panes sin Levadura

Cuando los hijos de Israel salieron de Egipto, tenían tanta prisa que no tuvieron tiempo de dejar leudar su masa de pan. Entonces, cargaron la masa sin hornear sobre sus espaldas. Mientras caminaban, se cocinaba al sol. Debido a que el pan no tenía levadura, se volvió duro y plano, y se lo conocía como "matzah". Comer matzah todos los años durante la Fiesta de los Panes sin Levadura les recuerda a las personas la salida de los israelitas de Egipto y cómo Dios los liberó de la esclavitud. Aunque los israelitas habían sido liberados físicamente, todavía adoraban a los dioses falsos de Egipto. Tuvieron que aprender a salir de Egipto espiritualmente. La Fiesta de los Panes sin Levadura comienza el día quince de Nisán (marzo-abril) y dura siete días. Mucha gente piensa que la Fiesta de los Panes sin Levadura es una celebración judía, pero la Biblia dice que esta fiesta es uno de los "Tiempos Designados" de Dios.

1. ¿Cómo tú y tu familia honran la Fiesta de los Panes sin Levadura?

   ....

2. ¿Cómo les dijo Dios a los israelitas que preparan sus casas para la Fiesta de los Panes sin Levadura? (Éxodo 12:15-19)

   ....

¡Colorea el matzah!

www.biblepathwayadventures.com
¡Ha resucitado! Libro de actividades

12

© BPA Publishing Ltd 2023

Panes sin levadura

Haz un dibujo de un trozo de matzah (pan sin levadura).

¿Dónde en la Biblia encuentro instrucciones para honrar la Fiesta de los Panes sin Levadura?

....
....
....
....
....
....
....

Imagina que estás en la última cena. ¿Qué le dirías a tu Mesías?

....
....
....
....
....
....

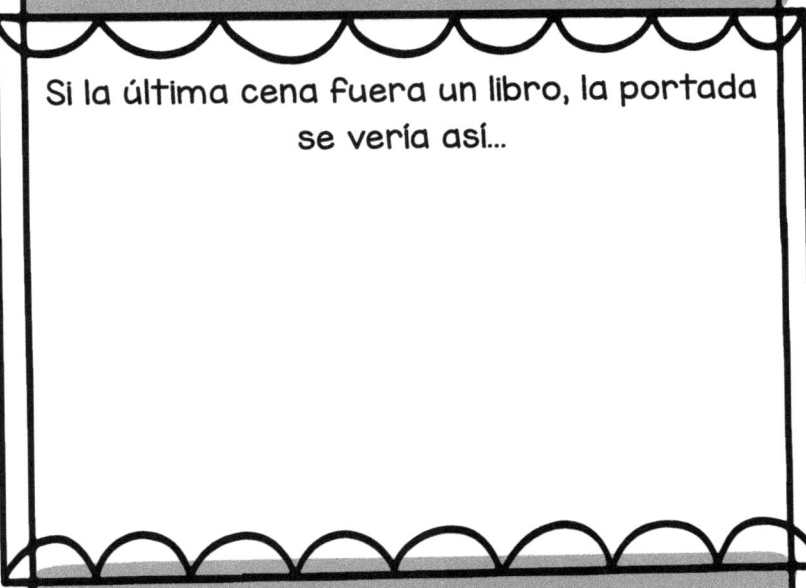

Si la última cena fuera un libro, la portada se vería así...

www.biblepathwayadventures.com
¡Ha resucitado! Libro de actividades

13

© BPA Publishing Ltd 2023

¿Cuál es la palabra?

Lee Mateo 26:20-29 (RV1960). Usando las siguientes palabras, llena los espacios en blanco para completar el pasaje de la Biblia.

DOCE	PLATO	ENTREGABA	REMISIÓN
FRUTO	NUEVO PACTO	PAN	PADRE

" Cuando llegó la noche, se sentó a la mesa con los .... Y mientras comían, dijo: 'De cierto os digo, que uno de vosotros me va a entregar'. Y entristecidos en gran manera, comenzó cada uno de ellos a decirle: '¿Soy yo, Señor?'. Entonces Él respondiendo, dijo: 'El que mete la mano conmigo en el ...., ese me va a entregar. A la verdad el Hijo del Hombre va, según está escrito de Él, mas ¡ay de aquel hombre por quien el Hijo del Hombre es entregado! Bueno le fuera a ese hombre no haber nacido'. Entonces respondiendo Judas, el que le ...., dijo: '¿Soy yo, Maestro?'. Le dijo: 'Tú lo has dicho'. Y mientras comían, tomó Yeshua el ...., y bendijo, y lo partió, y dio a Sus discípulos, y dijo: 'Tomad, comed; esto es Mi cuerpo'. Y tomando la copa, y habiendo dado gracias, les dio, diciendo: 'Bebed de ella todos; porque esto es Mi sangre del ...., que por muchos es derramada para .... de los pecados. Y os digo que desde ahora no beberé más de este .... de la vid, hasta aquel día en que lo beba nuevo con vosotros en el reino de Mi ....' "

www.biblepathwayadventures.com
¡Ha resucitado! Libro de actividades

14

© BPA Publishing Ltd 2023

Piezas de plata

Cuenta el número de monedas de plata en la bolsa para descubrir cuánto dinero le dieron a Judas para traicionar a Yeshua. ¿Cuánto valen hoy estas monedas de plata? Colorea la imagen.

www.biblepathwayadventures.com
¡Ha resucitado! Libro de actividades

15

© BPA Publishing Ltd 2023

"Esto es mi cuerpo, que por vosotros es dado; haced esto en memoria de mí."

(Lucas 22:19)

www.biblepathwayadventures.com
¡Ha resucitado! Libro de actividades

16

El árbol de olivo

Yeshua pasó tiempo con Sus discípulos en el jardín de Getsemaní. El nombre Getsemaní significa "prensa de aceite". Hoy en día, todavía se pueden encontrar prensas de aceitunas en toda la tierra de Israel. Los hebreos hacían aceite de oliva colocando aceitunas en sacos y apilándolos uno encima del otro. Se bajaba una viga sobre la pila y se agregaba peso al extremo de la viga para extraer el aceite de las aceitunas. Etiqueta el árbol de olivo con las palabras de abajo. Colorea el árbol.

Raíces   **Ramas**   **Aceitunas**

Hojas   **Tronco**

www.biblepathwayadventures.com
¡Ha resucitado! Libro de actividades

17

© BPA Publishing Ltd 2023

¿Qué es un discípulo?

Yeshua tenía doce discípulos. Sus nombres eran Simón Pedro, Andrés, Jacobo (hijo de Zebedeo), Juan, Felipe, Bartolomé, Tomás, Mateo, Jacobo (hijo de Alfeo), Tadeo, Simón el cananista y Judas Iscariote (Mateo 10:1-4 y Lucas 6:12-16). Aprendamos lo que significa ser un discípulo.

Antes de la época de Yeshua, el discipulado ya era un proceso bien establecido dentro de la cultura hebrea. Para convertirse en discípulo, primero había que terminar el Bet Midrash. Esto era donde los chicos de 13 a 15 años estudiaban todo el Tanaj (Antiguo Testamento) mientras aprendían el oficio de la familia. Los chicos que terminaban el Bet Midrash eran invitados por un maestro a convertirse en su discípulo. Estos discípulos eran conocidos como talmidim y aprendían todo de su maestro. Comían la misma comida que su maestro, aprendían a guardar el Sabbat de la misma manera que su maestro y estudiaban la Torá exactamente igual que su maestro. Un discípulo tenía cuatro tareas: memorizar las palabras de su maestro, aprender las tradiciones e interpretaciones de su maestro, imitar a su maestro y, después de estar completamente entrenado, se convertiría en un maestro y enseñaría a sus propios discípulos.

"Todo discípulo bien formado será como su maestro" (Lucas 6:40).

Yo imito a Yeshua todos los días al...

....

....

....

....

¡Colorea al discípulo! ➡

www.biblepathwayadventures.com
¡Ha resucitado! Libro de actividades

18

© BPA Publishing Ltd 2023

Jardín de Getsemaní

Yeshua oró en el jardín de Getsemaní. Mientras oraba, tres de Sus discípulos (Pedro, Jacobo y Juan) se durmieron. Dibuja a Yeshua y los discípulos en el jardín.

www.biblepathwayadventures.com
¡Ha resucitado! Libro de actividades

19

Monte de los OLIVOS

Lee Mateo 26:1-56, Lucas 22:1-53 y Juan 13:1-18:24.
Responde las siguientes preguntas.

1. ¿Dónde comió Yeshua con Sus discípulos antes de Su arresto?

2. ¿A qué jardín fue Yeshua a orar antes de ser arrestado por los líderes religiosos?

3. Mientras Yeshua oraba, ¿qué pasó con Pedro, Jacobo y Juan?

4. ¿Qué discípulo advirtió Yeshua que lo negaría tres veces?

5. ¿Cómo traicionó Judas a Yeshua en el jardín?

6. ¿Quién se le apareció a Yeshua en el jardín para darle fuerzas?

7. ¿Qué le dieron los líderes religiosos a Judas para que traicionara a Yeshua?

8. ¿A qué Tiempo Designado (fiesta) había venido Yeshua a honrar en Jerusalén?

9. ¿Qué pasó con los discípulos después de que Yeshua fue arrestado?

10. Después de que los guardias del templo arrestaron a Yeshua, ¿a dónde lo llevaron?

www.biblepathwayadventures.com
¡Ha resucitado! Libro de actividades

20

© BPA Publishing Ltd 2023

Los líderes religiosos

Judas fue a donde los jefes sacerdotes y los oficiales de la guardia del templo y discutió con ellos cómo podría traicionar a Yeshua (Lucas 22:4). En la Judea del primer siglo, los líderes religiosos en el templo de Jerusalén eran importantes hombres poderosos. No solo hacían las reglas sobre la vida religiosa del pueblo hebreo, sino que también eran gobernantes y jueces. El Sanedrín (consejo judío) era el tribunal supremo del antiguo Israel, compuesto por setenta hombres y un sumo sacerdote. En la época de Yeshua y los discípulos, el Sanedrín se reunía en el templo de Jerusalén todos los días, excepto durante las fiestas y el Sabbat.

Muchos líderes religiosos (como los jefes sacerdotes y sumos sacerdotes) vivían en el lujo. Financiaron sus lujosos estilos de vida con un impuesto del templo que el pueblo hebreo tenía que pagar. Estos impuestos del templo, combinados con los impuestos de Herodes y Roma, eran una carga enorme que mantenía a muchas personas en la pobreza. No es de extrañar que los hebreos esperaran ansiosamente que un Salvador derrocara a los gobernantes romanos y recuperara el cetro para convertirse en el verdadero rey gobernante de Israel.

1. ¿Por qué los líderes religiosos eran tan poderosos?

    ....

2. ¿Por qué crees que el pueblo hebreo esperaba ansiosamente un salvador?

    ....

¡Colorea al líder religioso!

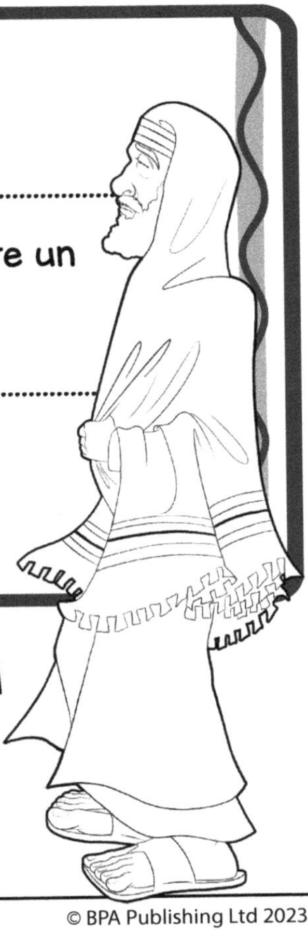

www.biblepathwayadventures.com
¡Ha resucitado! Libro de actividades

21

LECCIÓN 2 | Plan de la lección
Camino a Gólgota

Docente:_____

El pasaje de la Biblia de hoy: Mateo 26:57-27:2, Marcos 15:1-32

Oración de bienvenida:
Rece una simple oración con los niños antes de empezar la lección.

Objetivos de la lección:
En esta lección, los niños aprenderán:
1. Cómo los líderes religiosos sentenciaron a Yeshua a muerte
2. Por qué Judas devolvió las 30 piezas de plata

¿Lo sabías?
La crucifixión era una forma común de ejecución en todo el Imperio romano. Los romanos alineaban cuerpos colgados en cruces en los caminos hacia las ciudades para infundir miedo en la gente.

Resumen de la lección de la Biblia:
Caifás (el Sumo Sacerdote) y el Sanedrín (consejo judío) querían deshacerse de Yeshua. Después de un juicio simulado, lo llevaron ante Pilato, el gobernador romano. Solo Pilato podía ordenar que Yeshua fuera ejecutado. Pilato escuchó a los líderes religiosos y sentenció a Yeshua a morir por crucifixión. Cuando Judas vio que habían decidido matar a Yeshua, cambió de opinión y devolvió el dinero que le habían pagado para traicionarlo. Pero fue demasiado tarde. Los soldados romanos obligaron a Yeshua a llevar un travesaño por las calles de Jerusalén hasta un lugar llamado Gólgota. Allí, los soldados romanos lo clavaron a un madero (que formaba una cruz). Sobre Su cabeza pusieron un cartel que decía: "Este es el rey de los judíos". A Su lado colocaron a dos criminales.

www.biblepathwayadventures.com
¡Ha resucitado! Libro de actividades

22

Repasemos:

Preguntas para hacer a sus estudiantes:

1. ¿Qué era el Sanedrín?
2. ¿Por qué los líderes religiosos le pidieron a Pilato que sentenciara a Yeshua a morir?
3. ¿Por qué Judas devolvió el dinero?
4. ¿En dónde Yeshua fue clavado a una estaca?
5. ¿Quiénes fueron crucificados al lado de Yeshua en Gólgota?

 Un versículo de memoria para ayudar a los niños a recordar la Palabra de Dios:

"Cuando los soldados le hubieron crucificado, repartieron entre sí sus vestidos…" (Marcos 15:24).

 **Actividades:**

Hoja de trabajo: ¿Quiénes eran los zelotes?

Hoja de trabajo: ¿Lo sabías?

Cuestionario de la Biblia: Poncio Pilato

Página para colorear: Camino a Gólgota

Hoja de trabajo: ¿Quién fue Poncio Pilato?

Actividad de la Biblia: Etiqueta a un soldado romano

Hoja de trabajo: El pregonero del templo

Pregunta y colorea: Camino a Gólgota

Receta: Hornea una corona de espinas

Cuestionario de la Biblia: Traición

Hoja de trabajo: El Tiempo de Jerusalén

Hoja de trabajo: Gólgota

 **Oración final:**

Termine la lección con una pequeña oración.

www.biblepathwayadventures.com
¡Ha resucitado! Libro de actividades

23

© BPA Publishing Ltd 2023

¿Quiénes eran los zelotes?

¿Por qué Pedro negó y Judas traicionó a Yeshua? Algunos historiadores argumentan que ambos hombres eran zelotes (llamados cananistas en la Biblia Reina Valera 1960), miembros de un movimiento político del primer siglo entre los judíos que querían derrocar al gobierno romano de ocupación. Creían que si el pueblo de Israel se volvía a Dios y comenzaba la guerra contra los romanos, el Mesías se levantaría y establecería Su Reino. No creían que el Salvador sería divino; estaban buscando un Salvador como el rey David que lideraría una revolución.

Según el historiador judío Josefo, "los zelotes están de acuerdo en todo lo demás con las nociones farisaicas, pero tienen un apego inviolable a la libertad y dicen que Dios debe ser su único Gobernante y Señor" (Antigüedades 18.1.6).

Inicialmente, las enseñanzas de Yeshua pueden haber interesado a los zelotes. Parecían encajar en su idea de un Mesías que devolvería al pueblo hebreo a Dios. Sus milagros y curaciones solo aumentaron esta percepción. Pero cuando Yeshua comenzó a decirles a Sus discípulos que Él moriría, los fanáticos como Pedro y Judas se preocuparon de que las referencias de Yeshua al reino fueran diferentes a sus propias ideas.

¿Qué opinas? ¿Pedro y Judas eran zelotes? ¿Por qué sí / por qué no?

....

....

....

www.biblepathwayadventures.com
¡Ha resucitado! Libro de actividades

24

¿Lo sabías?

Algunos estudiosos de la Biblia creen que Judas traicionó a Yeshua porque estaba decepcionado de que Yeshua no hubiera derrocado a los gobernantes romanos. Judas creía que al arreglar el arresto de Yeshua, podría forzar a Yeshua a revelarse como el próximo rey de Israel. No entendió las Escrituras que mostraban que Yeshua vendría como un siervo sufriente (Isaías 53). Cuando Yeshua regrese, vendrá como el León de la tribu de Judá (Apocalipsis 5:5).

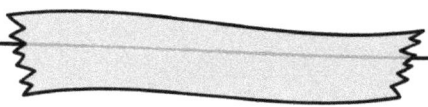

"He aquí que el León de la tribu de Judá, la raíz de David, ha vencido…"
(Apocalipsis 5:5).

Usa este espacio para dibujar el León de la tribu de Judá

www.biblepathwayadventures.com
¡Ha resucitado! Libro de actividades

25

© BPA Publishing Ltd 2023

Poncio PILATO

Lee Mateo 27:1-88 y Juan 18. Responde las siguientes preguntas.

1. ¿Cuál era el trabajo de Pilato?

2. ¿En qué ciudad estaba el cuartel general de Pilato?

3. ¿En qué asiento se sentó Pilato para reunirse con Yeshua?

4. ¿A qué prisionero liberó Pilato?

5. ¿Qué dijo la esposa de Pilato en un mensaje a Pilato?

6. ¿Qué le dijo la multitud a Pilato que hiciera con Yeshua?

7. ¿Qué le dijo Pilato a la multitud mientras se lavaba las manos?

8. ¿Qué tipo de corona pusieron los soldados en la cabeza de Yeshua?

9. ¿Quién acudió a Pilato y le pidió el cuerpo de Yeshua?

10. ¿Por qué Pilato envió soldados romanos a sellar la tumba?

www.biblepathwayadventures.com
¡Ha resucitado! Libro de actividades

26

© BPA Publ shing Ltd 2023

"...y le sacaron para crucificarle."

(Marcos 15:20)

www.biblepathwayadventures.com
¡Ha resucitado! Libro de actividades

27

© BPA Publishing Ltd 2023

¿Quién fue Poncio Pilato?

Este artículo presenta a Poncio Pilato. Mientras lo lees, piensa en el tipo de hombre que sentenció a muerte a Yeshua. Responde las preguntas de abajo.

Poncio Pilato

En el momento de la muerte de Yeshua, Poncio Pilato era el gobernador romano de Judea y Samaria. Su trabajo consistía en recaudar impuestos, construir caminos y gobernar esta región del Imperio romano. Pilato no era un gobernador popular. En una carta de Agripa I, Pilato fue acusado de comportamiento duro, orgullo, violencia, codicia, ejecuciones sin juicio y crueldad horrible. En el año 36 d. C., tres años después de sentenciar a muerte a Yeshua, Pilato fue llamado de regreso a Roma para ser interrogado sobre el duro manejo de un incidente que involucraba al pueblo judío. Algunos historiadores afirman que Pilato se suicidó más tarde. Otros dicen que el emperador Nerón lo ejecutó. Otra tradición dice que finalmente aceptó a Yeshua y fue ejecutado por el emperador Tiberio.

En 1961, los arqueólogos encontraron un bloque de piedra caliza en un antiguo anfiteatro romano cerca de Cesarea Marítima. En su frente hay una inscripción, parte de una dedicatoria más grande a Tiberio César, que dice que fue escrita por "Poncio Pilato, prefecto de Judea". Los visitantes de Cesarea hoy ven una réplica del bloque de piedra caliza, ya que el original se encuentra en el Museo de Israel en Jerusalén.

Preguntas

¿Por qué Pilato no fue un gobernador popular?

....

¿Qué encontraron los arqueólogos que prueba que Pilato alguna vez gobernó Judea?

....

www.biblepathwayadventures.com
¡Ha resucitado! Libro de actividades

28

© BPA Publishing Ltd 2023

Etiqueta a un soldado romano

En la época de Yeshua y los discípulos, el Imperio romano gobernaba Judea. Los soldados romanos vestían y portaban armaduras pesadas. Usando Internet o una enciclopedia, investiga el tipo de ropa que usaban los soldados romanos. Etiqueta las piezas de la armadura del soldado. Colorea la imagen.

(a) casco

(b) túnica de lana

(c) protección del brazo

(d) sandalias

(e) armadura

(f) placa de hombro

(g) manto

www.biblepathwayadventures.com
¡Ha resucitado! Libro de actividades

29

© BPA Publishing Ltd 2023

El pregonero del templo

¿Qué sonido escuchó Pedro en el patio del palacio del Sumo Sacerdote? ¿Fue el pregonero del templo, o un gallo cantando? Dado que los pollos estaban prohibidos en Jerusalén durante los tiempos del templo (el historiador Josefo y otros confirman esto al afirmar que los pollos estaban prohibidos porque volaban y profanaban el templo), tal vez el "gallo" que Pedro escuchó era en realidad un hombre.

Ese hombre era un sacerdote en el templo. Era responsable de abrir las puertas del templo todas las mañanas y llamar a todos los sacerdotes, levitas e israelitas para que comenzaran a prepararse para el servicio de sacrificio de la mañana. Gritaba tres declaraciones a gran voz: "Todos los sacerdotes prepárense para el sacrificio. Todos los levitas a sus puestos. Todos los israelitas vengan a adorar". Este sacerdote era conocido como el pregonero del templo y se le llamaba "alektor" en griego, que puede traducirse como "gallo" u "hombre". ¿Se suponía que "alektor" era un "gallo" en lugar del sacerdotal pregonero del templo?

1. ¿Por qué estaban prohibidos los pollos en Jerusalén durante los tiempos del templo?

2. ¿Qué opinas? ¿Pedro escuchó al pregonero del templo o el canto de un gallo?

Colorea el pregonero del templo

Camino a Gólgota

Abre tu Biblia y lee Juan 19.
Responde las preguntas. Colorea la imagen.

1. ¿Quién sentenció a Yeshua a morir en la cruz?

    ....

    ....

    ....

2. ¿Qué llevaron Yeshua y Simón a Gólgota?

    ....

    ....

    ....

3. ¿Qué escribió Pilato en el letrero sobre la cabeza de Yeshua?

    ....

    ....

    ....

www.biblepathwayadventures.com
¡Ha resucitado! Libro de actividades

31

© BPA Publishing Ltd 2023

Hornea una corona de espinas

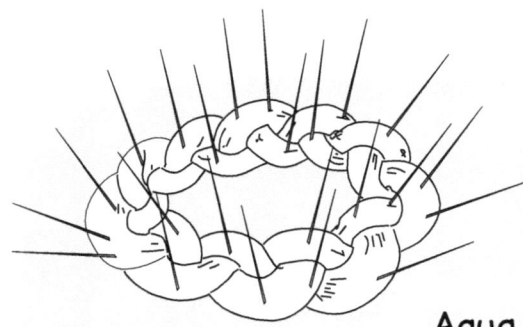

INGREDIENTES

4 tazas de harina
1 taza de sal
Agua tibia para humedecer la masa
Palillos de madera (mondadientes)

MÉTODO:

Precalentar el horno a 350° F.
Combinar la harina y la sal en un tazón grande.
Agregar suficiente agua para que la masa quede pegajosa.
Moldear la masa en tres hebras de masa. Trenzar la masa y formar un círculo.
Hornear a 350° F durante 30 minutos, o hasta que esté dura y seca.
Retirar del horno. Cuando esté fría, colocar palillos de madera
(espinas) en la corona.

www.biblepathwayadventures.com
¡Ha resucitado! Libro de actividades

32

© BPA Publishing Ltd 2023

TRAICIÓN

Lee Mateo 26-27, Marcos 14, Lucas 6, 22 y Juan 12-13, 18, 21.
Responde las siguientes preguntas.

1. Judas fue uno de los _____ de Yeshua.

2. En su última comida juntos, ¿qué le dio Yeshua a Judas como señal de que lo traicionaría?

3. ¿Quiénes le pagaron a Judas para que traicionara a Yeshua?

4. ¿Cuánto dinero recibió Judas para traicionar a Yeshua?

5. ¿En qué jardín traicionó Judas a Yeshua?

6. ¿Cómo traicionó Judas a Yeshua?

7. ¿Cómo se dirigió Judas a Yeshua en el jardín?

8. ¿Cómo se llamaba el campo comprado con el dinero que devolvió Judas?

9. Después de que Yeshua ascendió al cielo, ¿quiénes fueron los dos hombres propuestos para reemplazar a Judas?

10. ¿Qué hombre fue elegido para reemplazar a Judas?

Ciudad de Jerusalén

El Tiempo de Jerusalén

TIERRA DE ISRAEL   UNA PUBLICACIÓN DE LA PASCUA

¡Barrabás es liberado!

....

....

....

....

....

....

Caifás condena al Mesías

....

....

....

....

Escasez de corderos

www.biblepathwayadventures.com
¡Ha resucitado! Libro de actividades

34

© BPA Publishing Ltd 2023

Haz un dibujo de la escena de la crucifixión en Gólgota.

Imagina que eres Judas. ¿Qué les dirías a los líderes religiosos al devolverles el dinero?

....

....

....

....

....

....

....

Termina esta oración: Yeshua murió para...

....

....

....

....

....

....

Dibuja un soldado romano en Gólgota.

www.biblepathwayadventures.com
¡Ha resucitado! Libro de actividades

35

© BPA Publishing Ltd 2023

LECCIÓN 3 | Plan de la lección
La crucifixión

Docente:_____

El pasaje de la Biblia de hoy: Marcos 15:16-41

Oración de bienvenida:
Rece una simple oración con los niños antes de empezar la lección.

Objetivos de la lección:
En esta lección, los niños aprenderán:
1. Qué pasó en Jerusalén el día que Yeshua fue crucificado
2. Qué pasaba en el templo mientras Yeshua colgaba de la cruz

¿Lo sabías?
Yeshua murió en la cruz al mismo tiempo que los corderos pascuales estaban siendo sacrificados en el templo de Jerusalén.

Resumen de la lección de la Biblia:
Mientras Yeshua colgaba de una cruz en Gólgota entre dos criminales, la gente se detuvo y se burló de Él, incluidos muchos líderes religiosos. Al mediodía, una extraña oscuridad cayó sobre Jerusalén y el sol dejó de brillar durante tres horas. Durante este tiempo, miles de corderos pascuales fueron sacrificados en el templo para la cena pascual. Después, esa tarde, Yeshua entregó Su espíritu y murió. Cosas extrañas comenzaron a suceder alrededor de Jerusalén. Un terremoto sacudió la ciudad y un velo en el templo se rasgó de arriba abajo. En Gólgota, un soldado romano perforó el costado de Yeshua con una lanza. Sangre y agua brotaron de Su cuerpo, sobre la tierra.

www.biblepathwayadventures.com
¡Ha resucitado! Libro de actividades

36

© BPA Publishing Ltd 2023

Repasemos:

Preguntas para hacer a sus estudiantes:

1. ¿Qué le decía la gente a Yeshua mientras colgaba de la cruz?
2. ¿Qué pasaba en el templo mientras Yeshua colgaba de la cruz?
3. ¿Cuáles fueron las últimas palabras de Yeshua antes de morir?
4. Nombra tres cosas que ocurrieron después de que Yeshua murió
5. ¿Cómo el soldado romano perforó el costado de Yeshua?

Un versículo de memoria para ayudar a los niños a recordar la Palabra de Dios:

"Nadie tiene mayor amor que este, que uno ponga su vida por sus amigos" (Juan 15:13).

Actividades:

Cuestionario de la Biblia: Muerte en la estaca

Hoja de trabajo para colorear: Crucifixión

Página para colorear: La Pascua

Cuestionario de la Biblia: La comida de Pascua

Manualidad de la Biblia: Haz a Gólgota en un plato de papel

Hoja de trabajo: La comida de Pascua

Palabras desordenadas de la Biblia: ¿Quién perforó el cuerpo del Mesías?

Hoja de trabajo: La crucifixión

Crucigrama de la Biblia: La cruz y la tumba vacía

Hoja de trabajo: El templo

Hoja de trabajo: ¿Verdadero o falso?

Aprendamos hebreo: Pascua

Oración final:

Termine la lección con una pequeña oración.

www.biblepathwayadventures.com
¡Ha resucitado! Libro de actividades

37

© BPA Publishing Ltd 2023

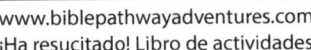

Muerte en la ESTACA

Lee Mateo 27:32-56. Responde las siguientes preguntas.

1. ¿Quién sentenció a Yeshua a morir?

2. ¿Quién fue obligado a llevar el travesaño de Yeshua por las calles de Jerusalén?

3. ¿En qué lugar fuera de Jerusalén fue clavado Yeshua en la estaca?

4. ¿Qué estaba escrito en el letrero sobre la cabeza de Yeshua?

5. ¿Qué gritó Yeshua mientras estaba clavado en la estaca?

6. ¿Quiénes fueron crucificados junto a Yeshua?

7. Después de que Yeshua murió, ¿cuánto tiempo las tinieblas cubrieron la tierra?

8. ¿Quién le pidió a Pilato el cuerpo de Yeshua?

9. ¿Qué usó el soldado romano para perforar el costado de Yeshua?

10. ¿En qué estaba envuelto Yeshua antes de ser enterrado?

www.biblepathwayadventures.com
¡Ha resucitado! Libro de actividades

38

© BPA Pub ishing Ltd 2023

Crucifixión

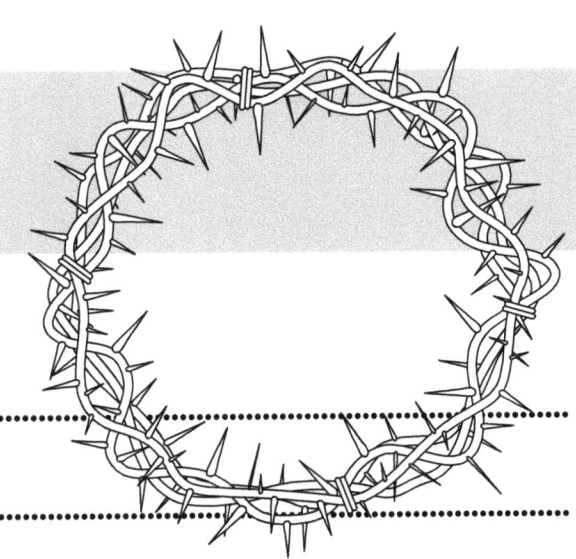

Lee Mateo 27:50-52 y escribe abajo los versículos de la Biblia.

....

....

....

1. ¿Qué se partió en dos cuando Yeshua entregó Su espíritu?

....

....

2. ¿Qué sacudió la ciudad después de la muerte de Yeshua?

....

....

3. ¿Quién dijo: "¡Verdaderamente Él era el Hijo de Dios!"?

....

....

Dibuja tu escena favorita de esta historia.

¿Qué puede enseñarme la vida de Yeshua?	Dios usó a Yeshua para…
....	....
....	....

www.biblepathwayadventures.com
¡Ha resucitado! Libro de actividades

39

© BPA Publishing Ltd 2023

"y tomarán de la sangre, y la pondrán en los dos postes y en el dintel de las casas..."

(Éxodo 12:7)

www.biblepathwayadventures.com
¡Ha resucitado! Libro de actividades

40

© BPA Publishing Ltd 2023

La comida de
PASCUA

Lee Éxodo 12:1-32 y Mateo 1, 27.
Responde las siguientes preguntas.

1. ¿Cuántas plagas envió Dios sobre Egipto?

2. ¿Cómo se protegieron los hebreos de la plaga final?

3. ¿En qué día les dijo Dios a los hebreos que encontraran un cordero pascual?

4. ¿En qué día se les dijo a los hebreos que sacrificaran su cordero pascual?

5. ¿Qué comieron los israelitas en la primera cena de Pascua?

6. ¿Qué tipo de pan se llevaron los israelitas cuando salieron de Egipto?

7. ¿Al comienzo de qué Tiempo Designado tiene lugar la Pascua?

8. ¿Por cuánto tiempo se les dijo a los israelitas que observaran esta comida?

9. ¿En qué lugar fuera de Jerusalén fue crucificado Yeshua?

10. ¿Yeshua era de qué tribu de Israel?

www.biblepathwayadventures.com
¡Ha resucitado! Libro de actividades

41

© BPA Publishing Ltd 2023

La comida de Pascua

¿Qué comes para la cena de Pascua?
Dibuja la comida que comes en el plato de abajo.

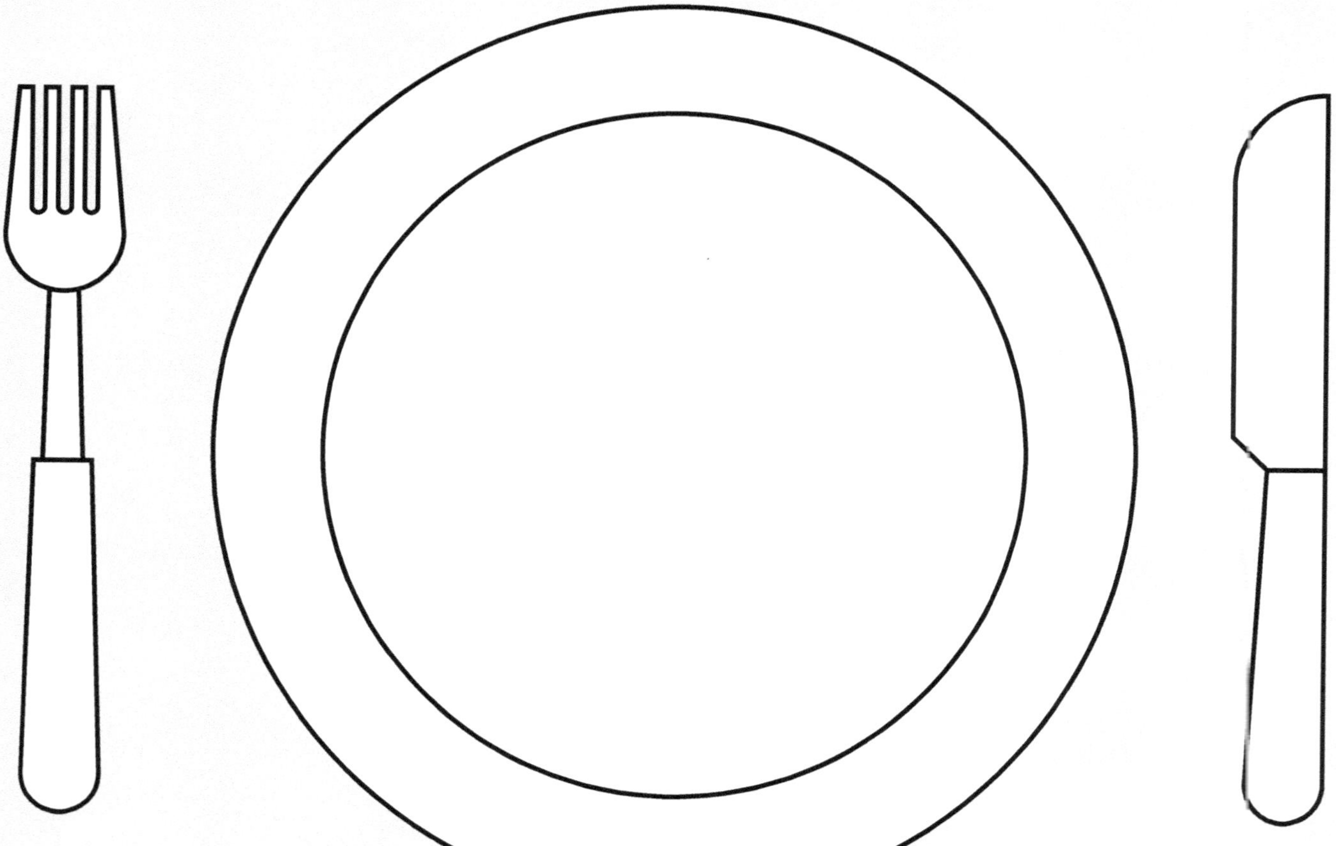

www.biblepathwayadventures.com
¡Ha resucitado! Libro de actividades

42

© BPA Publ shing Ltd 2023

¿Quién perforó el cuerpo del Mesías?

Ordena las palabras para encontrar la respuesta. *Pista: lee Juan 19:34 (RV1960).*

" oPer nuo ed lso soddalos

_____

le rióab el docosta onc uan

_____

laanz, y al taninste aslói

_____

nsager y guaa. "

_____

www.biblepathwayadventures.com
¡Ha resucitado! Libro de actividades

43

© BPA Publishing Ltd 2023

La crucifixión

Lee Éxodo 12, Mateo 26 y Juan 18. Discute cómo se relacionan las imágenes a continuación con la historia de la crucifixión. Une cada palabra con la imagen correcta.

Templo

Cordero

Pilato

Pascua

Corona

www.biblepathwayadventures.com
¡Ha resucitado! Libro de actividades

44

© BPA Publishing Ltd 2023

La cruz y la TUMBA VACÍA

Lee Mateo 28, Marcos 16, Lucas 24, Juan 20 y Hechos 1 (RV1960). Completa el siguiente crucigrama.

HORIZONTAL

4) Yeshua fue crucificado en este dispositivo romano.

5) Nombre del lugar donde Yeshua fue crucificado.

7) Este discípulo saltó de la barca y nadó hacia Yeshua.

8) ¿Yeshua se levantó de la tumba en qué fiesta (Tiempo Designado)?

9) Después de que Yeshua murió, esto sacudió la ciudad.

VERTICAL

1) El discípulo que traicionó a Yeshua.

2) Qué se rasgó de arriba abajo dentro del templo?

3) Este tipo de ser espiritual abrió la tumba.

6) Yeshua se encontró con Sus discípulos junto a este mar.

7) El gobernador romano que sentenció a muerte a Yeshua.

www.biblepathwayadventures.com
¡Ha resucitado! Libro de actividades

45

© BPA Publishing Ltd 2023

El templo

Durante los tiempos bíblicos, el templo de Jerusalén era el centro de la vida hebrea. Comenzó con la construcción del primer templo por parte del rey Salomón y terminó con su destrucción por parte de los romanos en el año 70 d.C. Para albergar el arca de la alianza, el rey Salomón construyó el primer templo en el siglo X a.C., que luego fue destruido por los babilonios. Robaron todos sus artículos preciosos y quemaron lo que quedaba. Se construyó un segundo templo durante la época de Nehemías y se renovó mucho durante el reinado del rey Herodes.

Una de las razones por las que el rey Herodes amplió el Monte del Templo fue para dar cabida a la gran cantidad de peregrinos que llegaban a Jerusalén para honrar la Pascua y la Fiesta de los Panes sin Levadura, Pentecostés (Shavu'ot) y Tabernáculos (Sukkot). Durante el sacrificio de Pascua en el templo, los que deseaban sacrificar formaban grupos. El cordero pascual, a diferencia de las ofrendas animales usuales, era sacrificado por los mismos israelitas. Como todas las ofrendas de paz, se ofrecía en el atrio interior y su sangre se arrojaba sobre el altar. Después de que un grupo completaba el ritual, las puertas se abrían nuevamente y entraba el siguiente grupo. Los corderos eran asados y comidos esa noche.

I. ¿Por qué Herodes renovó el templo en Jerusalén?

....

2   ¿Cómo sacrificaban los israelitas sus corderos pascuales?

....

www.biblepathwayadventures.com
¡Ha resucitado! Libro de actividades

46

¿Verdadero o falso?

¿Son las siguientes afirmaciones VERDADERAS o FALSAS?
Lee Juan 19, Mateo 27 y Lucas 23. Encierra en un círculo el recuadro correcto.

Los soldados dividieron las vestiduras de Yeshua en seis partes.	VERDADERO / FALSO
Los soldados rompieron las piernas de Yeshua.	VERDADERO / FALSO
Sangre y agua brotaron del cuerpo de Yeshua.	VERDADERO / FALSO
Después de que Yeshua murió, muchas personas santas que habían muerto fueron resucitadas.	VERDADERO / FALSO
Sobre la cabeza de Yeshua había un cartel que decía: "Este es el rey de los judíos".	VERDADERO / FALSO
Yeshua vio a Su abuelo parado cerca de la cruz.	VERDADERO / FALSO

¿Son estas afirmaciones verdaderas o falsas?

www.biblepathwayadventures.com
¡Ha resucitado! Libro de actividades

47

© BPA Publishing Ltd 2023

Pesach

El nombre hebreo de Pascua es Pesach. Antes de que la congregación de Israel saliera de la tierra de Egipto, comieron cordero, panes sin levadura y hierbas amargas. Dios les pidió a los israelitas que honraran este Tiempo Designado para siempre (Éxodo 12:14).

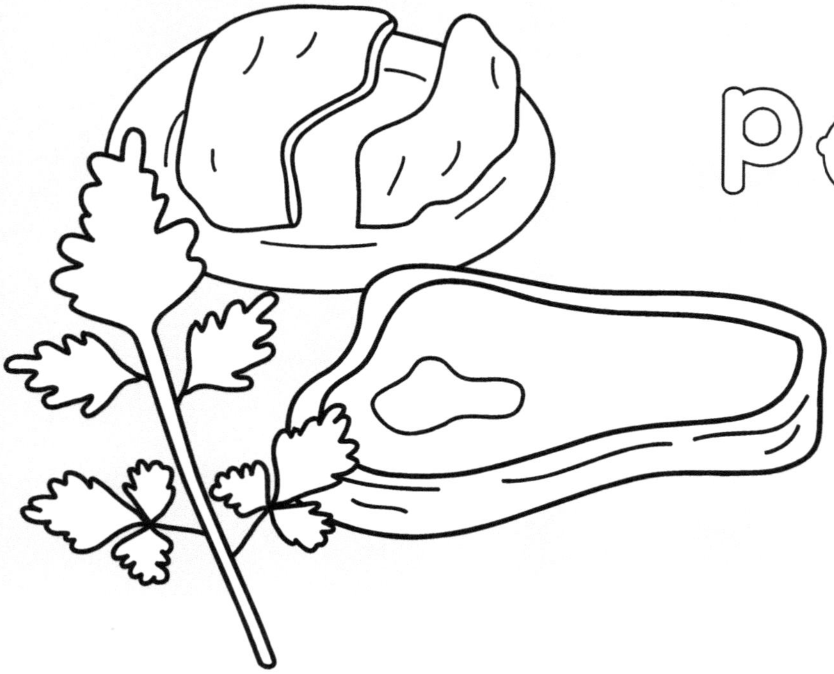

Pesach

פֶּסַח

Pascua

Traza la palabra hebrea aquí:

פסח

פסח

Escribe la palabra hebrea aquí:

www.biblepathwayadventures.com
¡Ha resucitado! Libro de actividades

48

© BPA Publishing Ltd 2023

¡Vamos a escribir!

Practica a escribir "Pesach" en las líneas de abajo.

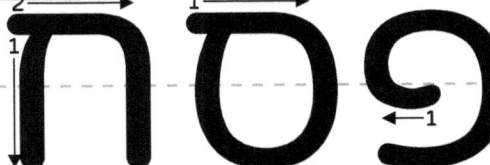

פסח

Inténtalo por tu cuenta.
Recuerda que el hebreo se lee de DERECHA a IZQUIERDA.

LECCIÓN 4 | Plan de la lección
¡Ha resucitado!

Docente:_____

El pasaje de la Biblia de hoy: Mateo 27:57-28:15

Oración de bienvenida:
Rece una simple oración con los niños antes de empezar la lección.

Objetivos de la lección:
En esta lección, los niños aprenderán:
1. Qué pasó con Yeshua después de que murió en la cruz
2. Cuándo Yeshua resucitó de la tumba

¿Lo sabías?
En la tierra de Israel, los hombres ricos eran enterrados en sus propias tumbas hechas de roca sólida.

Resumen de la lección de la Biblia:
Esa noche, un discípulo secreto de Yeshua llamado José le pidió a Pilato el cuerpo de Yeshua. Pilato ordenó que se lo entregaran. José tomó el cuerpo, lo envolvió en una sábana limpia y lo puso dentro de su propia tumba de roca. Los sacerdotes estaban preocupados: los discípulos de Yeshua podrían robarlo de la tumba. Pilato accedió a sellarla. Pero los planes de Dios siempre prevalecen. En la Fiesta de las Primicias, Yeshua resucitó de entre los muertos. ¡Los guardias aterrorizados entraron corriendo a la ciudad y les dijeron a los sacerdotes que el cuerpo de Yeshua ya no estaba! Temerosos de que la gente descubriera lo que había sucedido, pagaron un soborno a los guardias para que mintieran sobre Su desaparición. "Díganle a la gente: 'Sus discípulos se lo robaron mientras dormíamos'". Y los guardias así lo hicieron.

www.biblepathwayadventures.com
¡Ha resucitado! Libro de actividades

50

Repasemos:

Preguntas para hacer a sus estudiantes:

1. ¿Quién le pidió a Pilato el cuerpo de Yeshua?
2. ¿Por qué los líderes religiosos querían sellar la tumba?
3. ¿Quién abrió la tumba?
4. ¿Qué les dijo el ángel a María Magdalena y a la otra María afuera de la tumba?
5. ¿Qué hicieron los líderes religiosos cuando se enteraron de que Yeshua no estaba?

Un versículo de memoria para ayudar a los niños a recordar la Palabra de Dios:

"…ha resucitado, no está aquí; mirad el lugar en donde le pusieron" (Marcos 16:6).

Actividades:

Página para colorear: ¡Ha resucitado!
Cuestionario de la Biblia: La resurrección
Sopa de letras de la Biblia: ¡Ha resucitado!
Hoja de trabajo: Los jefes sacerdotes
Hoja de trabajo: ¿Qué es un soborno?
Hoja de trabajo: ¿Cuál es la palabra?
Hoja de trabajo: El Tiempo de Jerusalén
Hoja de trabajo: ¡Resurrección!
Cuestionario de la Biblia: María Magdalena
Hoja de trabajo para colorear: María Magdalena
Hoja de datos: Fiesta de las Primicias
Copia del versículo de la Biblia: Fiesta de las Primicias
Manualidad de la Biblia: Haz una tumba con un plato de papel

Oración final:

Termine la lección con una pequeña oración.

www.biblepathwayadventures.com
¡Ha resucitado! Libro de actividades

51

¡Ha resucitado!

Yeshua se levantó de la tumba en la Fiesta de las Primicias. Al lado de la tumba, dibuja el ángel y dos soldados romanos. Colorea la imagen.

www.biblepathwayadventures.com
¡Ha resucitado! Libro de actividades

52

© BPA Publishing Ltd 2023

La RESURRECCIÓN

Lee Mateo 28, Marcos 16, Lucas 24, Juan 20 y Hechos 1. Responde las siguientes preguntas.

1. ¿Quién removió la piedra de la tumba de Yeshua?

2. ¿Durante qué Tiempo Designado resucitó Yeshua de la tumba?

3. ¿Qué les dieron los sacerdotes a los guardias romanos para que se callaran?

4. ¿Qué mujer se encontró con Yeshua fuera de la tumba?

5. Cuando María Magdalena, María madre de Jacobo y Salomé fueron al sepulcro con sus especias, ¿qué encontraron?

6. ¿Qué les dijeron los dos extraños a las mujeres fuera de la tumba?

7. ¿Qué discípulo dudó que Yeshua estaba vivo?

8. Mientras los discípulos esperaban a Yeshua, ¿a dónde fueron a pescar?

9. ¿Cuánto tiempo permaneció Yeshua en la tierra después de Su resurrección antes de ascender al cielo?

10. ¿Cuáles fueron las instrucciones finales de Yeshua a Sus discípulos?

www.biblepathwayadventures.com
¡Ha resucitado! Libro de actividades

53

© BPA Publishing Ltd 2023

¡Ha RESUCITADO!

**Lee Mateo 28, Marcos 16, Lucas 24, Juan 20 y Hechos 1.
Encuentra y encierra en un círculo las siguientes palabras.**

Á	L	G	A	V	D	G	T	Y	B	G	U	C	I	T
S	N	K	U	H	X	V	B	O	Q	P	M	B	I	I
V	R	G	Q	A	F	S	L	V	J	R	R	O	O	E
F	W	T	E	V	R	X	E	H	Q	I	E	J	R	M
G	Z	F	K	L	Z	D	X	K	K	M	S	E	H	P
J	A	Z	C	I	U	V	I	T	F	I	U	R	E	O
S	A	X	J	D	P	D	Q	A	Y	C	C	U	D	D
Y	P	R	N	W	W	G	A	G	S	I	I	S	I	E
T	Z	L	D	Y	Q	Y	X	G	L	A	T	A	M	S
D	I	S	C	Í	P	U	L	O	S	S	A	L	E	I
E	K	W	B	H	N	O	Z	F	U	N	D	É	S	G
W	H	D	X	T	W	D	D	R	W	X	O	N	Í	N
O	M	H	P	I	E	D	R	A	F	U	Q	Y	A	A
P	F	E	N	Y	E	S	H	U	A	K	H	R	S	D
Z	Q	T	E	R	R	E	M	O	T	O	R	Z	Z	O

RESUCITADO

GUARDIAS

MESÍAS

PRIMICIAS

PIEDRA

JARDÍN

JERUSALÉN

DISCÍPULOS

TERREMOTO

ÁNGEL

YESHUA

TIEMPO DESIGNADO

www.biblepathwayadventures.com
¡Ha resucitado! Libro de actividades

54

LOS JEFES SACERDOTES

Lee Mateo 28. ¿Quiénes les dijeron a los jefes sacerdotes que Yeshua se había ido?

....

....

....

....

....

¿Qué les dieron los jefes sacerdotes a los soldados para que se callaran?

....

....

¿Qué les dijeron los jefes sacerdotes a los soldados que dijeran sobre la desaparición de Yeshua?

....

....

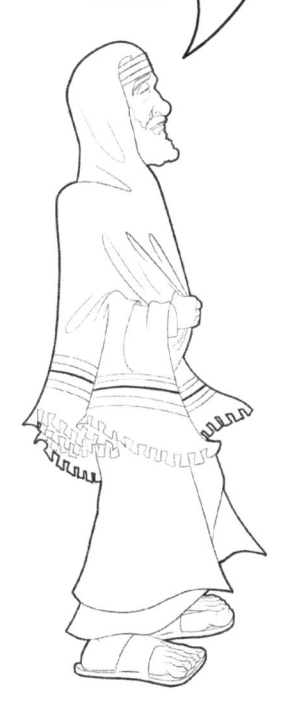

¿Por qué crees que los sacerdotes les dijeron a los soldados que se callaran?

www.biblepathwayadventures.com
¡Ha resucitado! Libro de actividades

55

© BPA Publishing Ltd 2023

¿Qué es un soborno?

"No recibirás presente; porque el presente ciega a los que ven,
y pervierte las palabras de los justos" (Éxodo 23:8).

Un grupo de líderes religiosos les dio dinero a los soldados romanos para que guardaran silencio sobre la resurrección de Yeshua. El dinero que les ofrecieron fue un soborno. ¿Qué significa sobornar a alguien? Soborno significa ofrecer algo (por ejemplo, dinero) a una persona a cambio de un favor. El soborno puede ser un delito. Por ejemplo, si una persona quisiera llevar un artículo a un país en el que está prohibido o sujeto a impuestos, podría ofrecer un soborno al oficial de aduanas para persuadirlo de que lo dejara pasar. En ciertos países, algunas personas corruptas no harán su trabajo a menos que reciban un soborno además de su salario normal. Las personas que se descubre que aceptan sobornos a veces pueden perder sus trabajos. La Biblia condena esta práctica y, en cambio, alienta a las personas a practicar la integridad y la honestidad (Éxodo 23:8, Proverbios 17:23 y Deuteronomio 16:19).

Está mal sobornar a alguien porque…

....

....

....

....

Colorea al sobornador ➡️

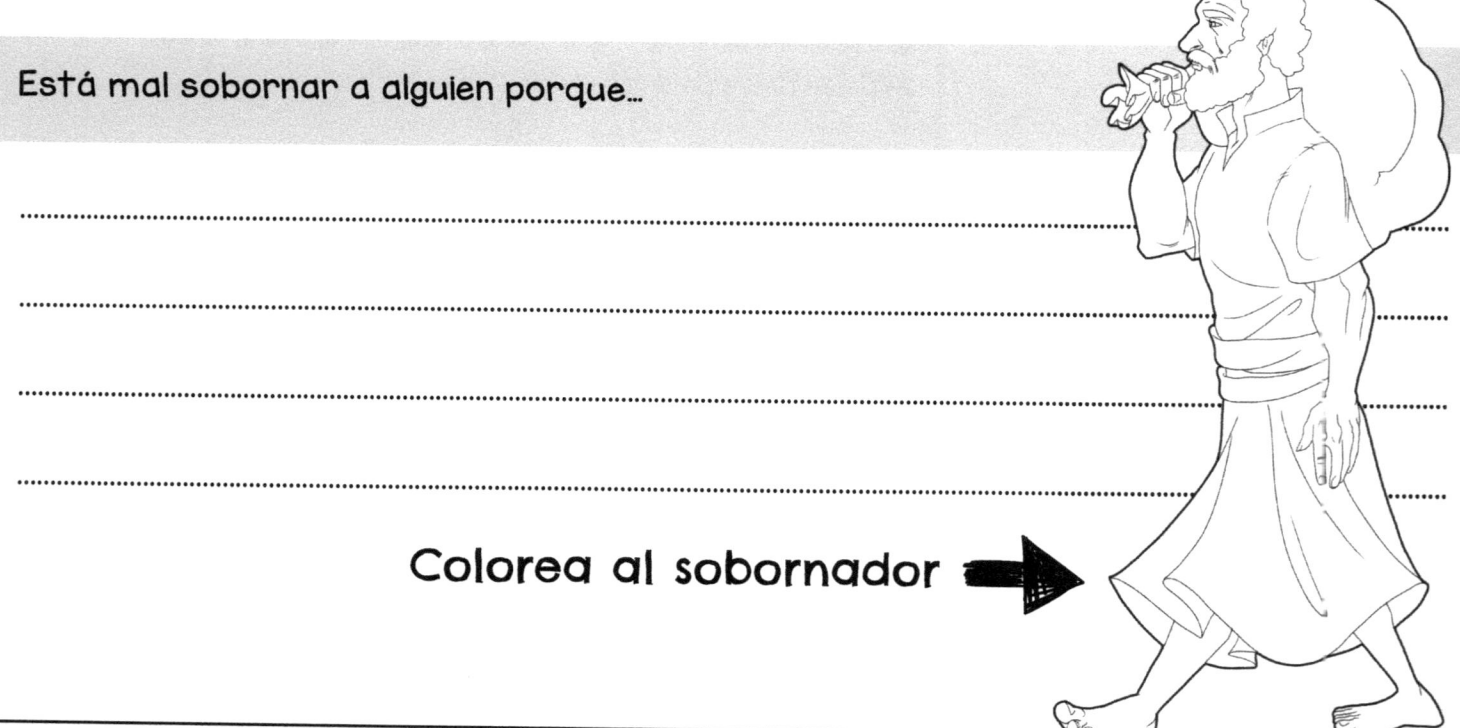

www.biblepathwayadventures.com
¡Ha resucitado! Libro de actividades

56

¿Cuál es la palabra?

Lee Mateo 28:1-7 (RV1960). Usando las siguientes palabras,
llena los espacios en blanco para completar el pasaje de la Biblia.

SABBAT	CIELO	ÁNGEL	GALILEA	TEMBLARON
MAGDALENA	RELÁMPAGO	YESHUA	SEPULCRO	DISCÍPULOS

" Pasado el ...., al amanecer del primer día de la semana, vinieron María

.... y la otra María, a ver el .... Y hubo un gran terremoto; porque

un ángel del Señor, descendiendo del .... y llegando, removió la piedra, y

se sentó sobre ella. Su aspecto era como un ...., y su vestido blanco como

la nieve. Y de miedo de él los guardas .... y se quedaron como muertos.

Mas el ...., respondiendo, dijo a las mujeres: 'No temáis vosotras; porque

yo sé que buscáis a ...., el que fue crucificado. No está aquí,

pues ha resucitado, como dijo. Venid, ved el lugar donde fue puesto.

E id pronto y decid a Sus .... que ha resucitado de los

muertos, y he aquí va delante de vosotros a .... ; allí le

veréis'. "

www.biblepathwayadventures.com
¡Ha resucitado! Libro de actividades

57

© BPA Publishing Ltd 2023

Ciudad de Jerusalén

El Tiempo de Jerusalén

FIESTA DE LAS PRIMICIAS — UNA PUBLICACIÓN DE HISTORIA DE LA BIBLIA

¡Mesías desaparecido!

....

....

....

....

....

....

Comienza la cosecha de cebada

Ven a un ángel en la tumba

....

....

....

....

www.biblepathwayadventures.com
¡Ha resucitado! Libro de actividades

58

© BPA Publishing Ltd 2023

¡Resurrección!

Dibuja a un ángel abriendo
la tumba.

Imagina que estás custodiando la tumba
de Yeshua. ¿Qué le dirías al otro guardia
cuando vieras el ángel de Dios?

....

....

....

....

....

....

....

....

La historia de la resurrección
me enseña…

....

....

....

....

....

Si la resurrección fuera un libro,
la portada se vería así…

María MAGDALENA

Lee Mateo 27-28, Lucas 8, 24, Marcos 15-16 y Juan 19-20. Responde las siguientes preguntas.

1. ¿Cuántos demonios expulsó Yeshua de María Magdalena?

2. ¿Quiénes estuvieron al pie de la cruz con María Magdalena?

3. ¿A quién vio María envolviendo el cuerpo de Yeshua en una sábana?

4. ¿Después de qué día María Magdalena, María y Salomé compraron especias para el entierro?

5. ¿De qué hablaron en el camino a la tumba?

6. ¿Quién le dijo a María Magdalena que Yeshua había resucitado?

7. ¿A quién se le apareció Yeshua por primera vez después de Su resurrección?

8. Cuando Yeshua le habló a María en la tumba, ¿quién pensó ella que era Él?

9. ¿Por qué Yeshua le dijo a María Magdalena que no lo tocara?

10. Después de que María vio a Yeshua, ¿qué les dijo a los discípulos?

www.biblepathwayadventures.com
¡Ha resucitado! Libro de actividades

60

María Magdalena

Lee Juan 20:18 y escribe abajo el versículo de la Biblia.

....

....

....

1. ¿Quién le dijo a María que Yeshua había resucitado?

....

....

2. ¿A quién se le apareció Yeshua por primera vez después de Su resurrección?

....

....

3. ¿Qué les dijo María a los discípulos después de haber visto a Yeshua?

....

....

Dibuja tu escena favorita de esta historia.

¿Qué puede enseñarme la vida de María Magdalena?

....

....

Dios usó a María Magdalena para...

....

....

www.biblepathwayadventures.com
¡Ha resucitado! Libro de actividades

61

© BPA Publishing Ltd 2023

Fiesta de las Primicias

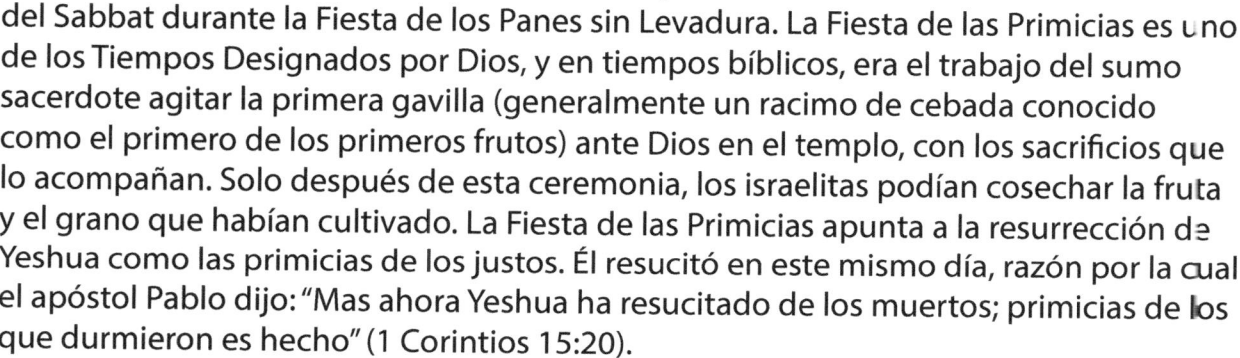

La Fiesta de los Panes sin Levadura era un tiempo ocupado en Jerusalén. Entre 250.000 y 500.000 peregrinos acudían a guardar este Tiempo Designado. Algunos dormían en Jerusalén, mientras que otros se quedaban en pueblos cercanos o en tiendas de campaña alrededor de la ciudad. Los peregrinos visitaban el templo, escuchaban a los maestros y compraban regalos para llevar a casa. Había mucha actividad, fiesta y muchas oportunidades para hacer nuevos amigos y renovar viejas amistades.

Durante este tiempo se llevaba a cabo la Fiesta de las Primicias (Yom HaBikkurim). Caía el día después del Sabbat durante la Fiesta de los Panes sin Levadura. La Fiesta de las Primicias es uno de los Tiempos Designados por Dios, y en tiempos bíblicos, era el trabajo del sumo sacerdote agitar la primera gavilla (generalmente un racimo de cebada conocido como el primero de los primeros frutos) ante Dios en el templo, con los sacrificios que lo acompañan. Solo después de esta ceremonia, los israelitas podían cosechar la fruta y el grano que habían cultivado. La Fiesta de las Primicias apunta a la resurrección de Yeshua como las primicias de los justos. Él resucitó en este mismo día, razón por la cual el apóstol Pablo dijo: "Mas ahora Yeshua ha resucitado de los muertos; primicias de los que durmieron es hecho" (1 Corintios 15:20).

¿Cómo honraban los antiguos israelitas la Fiesta de las Primicias?

_____

¿Cómo honras la Fiesta de las Primicias?

_____

_____

¿Lo sabías?

En la tierra de Israel, la cosecha de cebada se lleva a cabo en marzo/abril.

www.biblepathwayadventures.com
¡Ha resucitado! Libro de actividades

62

Fiesta de las Primicias

Abre tu Biblia en Mateo 28:5-6. Copia las escrituras en las líneas de abajo.
Colorea la ilustración en la parte inferior de la página.

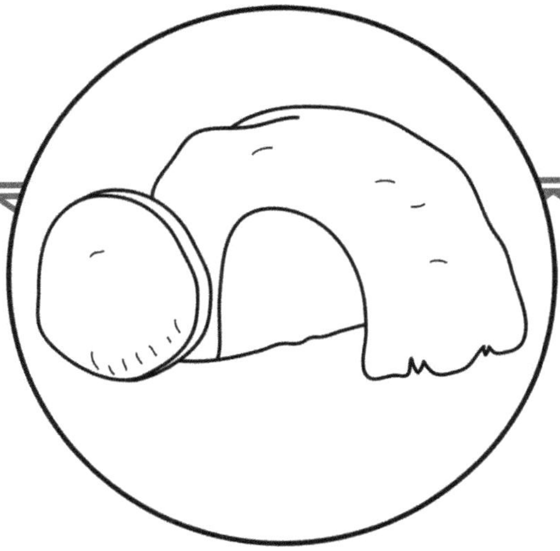

www.biblepathwayadventures.com
¡Ha resucitado! Libro de actividades

63

© BPA Publishing Ltd 2023

LECCIÓN 5 | Plan de la lección
Galilea y la ascensión

Docente:_____

El pasaje de la Biblia de hoy: Juan 21:1-25, Hechos 1:1-11

Oración de bienvenida:
Rece una simple oración con los niños antes de empezar la lección.

Objetivos de la lección:
En esta lección, los niños aprenderán:
1. Qué pasó cuando los discípulos fueron a pescar en el mar de Galilea
2. Las instrucciones finales de Yeshua a Sus discípulos

¿Lo sabías?
Yeshua se les apareció a más de 500 personas después de resucitar de la tumba (1 Corintios 15:6).

Resumen de la lección de la Biblia:
Los discípulos viajaron a Galilea. Mientras esperaban a Yeshua, fueron a pescar en el mar de Galilea. Pero no lograban pescar nada. Después de que un extraño les dijo que arrojaran sus redes por la borda nuevamente, rápidamente las llenaron de peces. Al darse cuenta de que el extraño era Yeshua, rápidamente remaron en su bote hasta la orilla y desayunaron con Él. Yeshua les dio a Sus discípulos un trabajo importante. "Id y haced discípulos en todas las naciones. Enséñenles a hacer lo que Yo les he mostrado". Más tarde, antes del Día de Pentecostés (Shavu'ot), Él se reunió con ellos nuevamente en Jerusalén. Conduciéndolos a Betania en el Monte de los Olivos, ascendió al cielo ante sus propios ojos.

www.biblepathwayadventures.com
¡Ha resucitado! Libro de actividades

64

© BPA Publishing Ltd 2023

Repasemos:

Preguntas para hacer a sus estudiantes:

1. ¿Qué instrucciones se les dio a los discípulos después de que no lograran pescar nada?
2. ¿Qué pregunta le hizo Yeshua a Pedro?
3. ¿Qué instrucciones importantes les dio Yeshua a Sus discípulos?
4. ¿Por qué los discípulos regresaron a Jerusalén?
5. ¿Dónde ascendió Yeshua al cielo?

 Un versículo de memoria para ayudar a los niños a recordar la Palabra de Dios:

"…id, y haced discípulos…" (Mateo 28:19).

Actividades:

Laberinto: Ayuda a los discípulos a llegar a Galilea
Actividad del mapa: El galileo
Hoja de trabajo: Casas israelitas
Hoja de trabajo: Datos de los discípulos
Aprendamos hebreo: Pez
Manualidad de la Biblia: Haz un pez
Hoja de trabajo: ¿Cuál es la palabra?
Hoja de trabajo: Los pasos del Mesías
Hoja de trabajo: Día de Pentecostés
Página para colorear: Id y haced discípulos
Hoja de trabajo: El Tiempo de Jerusalén
Cuestionario de la Biblia: La ascensión
Hoja de trabajo: El Espíritu Santo
Hoja de trabajo: La ascensión
Hoja de trabajo: Hechos 1:1-12

 ## Oración final:

Termine la lección con una pequeña oración.

www.biblepathwayadventures.com
¡Ha resucitado! Libro de actividades

65

© BPA Publishing Ltd 2023

Ayuda a los discípulos a llegar a Galilea

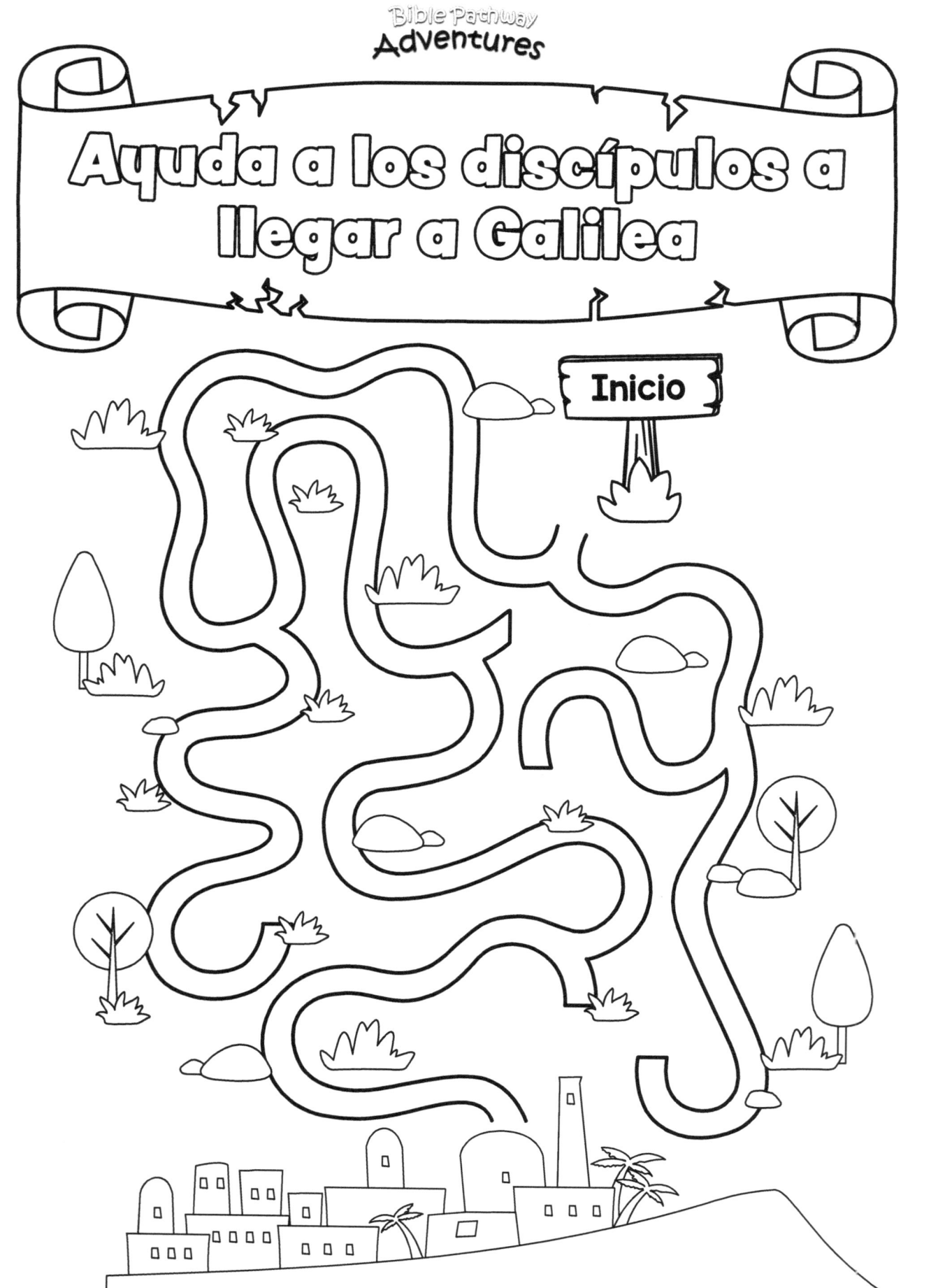

Inicio

www.biblepathwayadventures.com
¡Ha resucitado! Libro de actividades

66

© BPA Publishing Ltd 2023

El galileo

Yeshua y Sus discípulos pasaron mucho tiempo en Galilea, una región situada en el norte de Israel. La distancia entre Galilea y Jerusalén se estimó en alrededor de 80 millas, tomando hasta una semana viajar entre los dos lugares. Utilizando Internet o un atlas histórico, marca los seis pueblos y aldeas de Galilea en el mapa: Tiberíades, Betsaida, Gennesaret, Khersa, Magdala y Cafarnaúm. ¿Cómo viajaron los discípulos por Galilea?

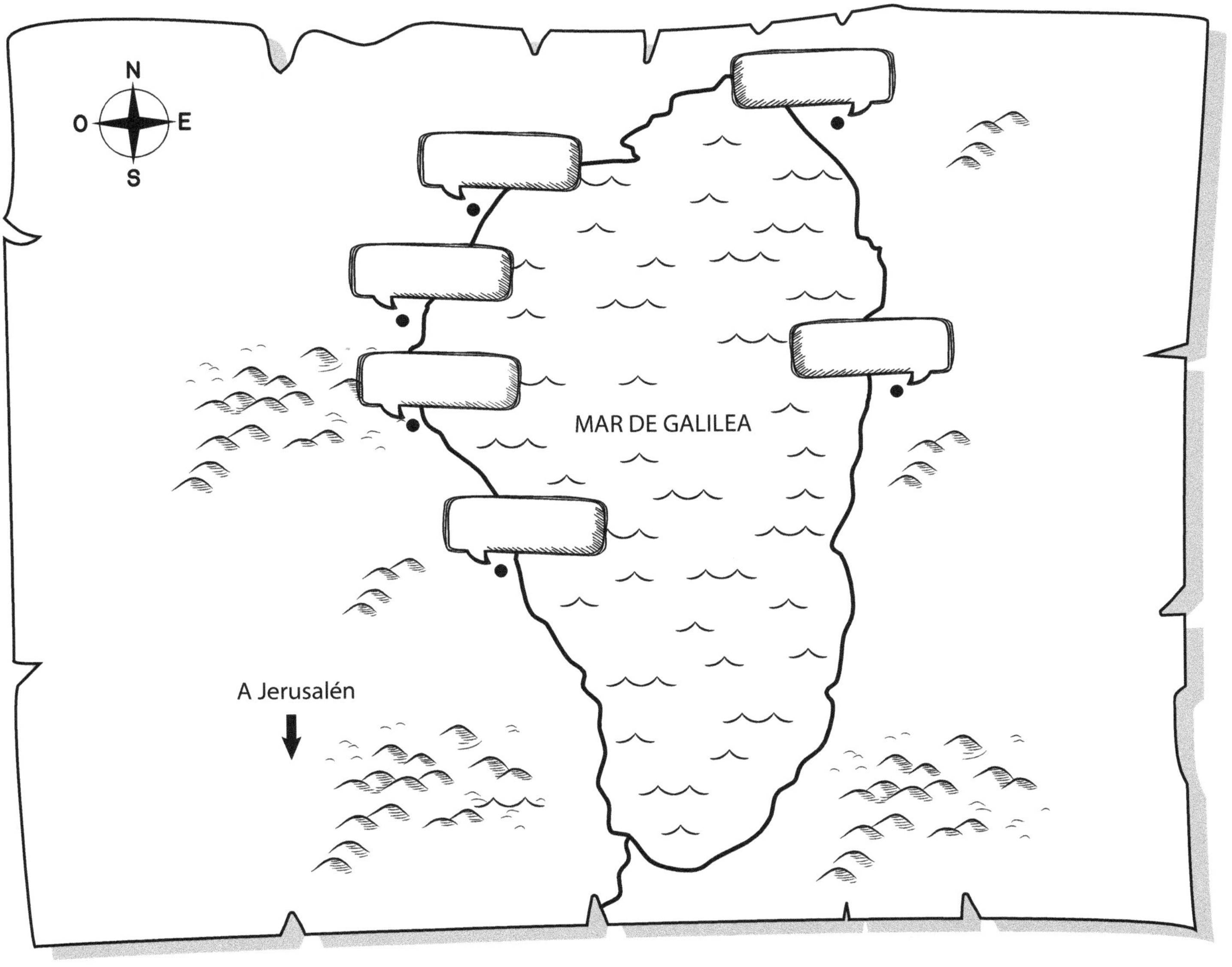

MAR DE GALILEA

A Jerusalén

Casas israelitas

Durante los tiempos bíblicos, muchos hogares israelitas eran pequeños y sencillos. Se construían con ladrillos de barro o piedra y los techos se hacían con ramas o paja cubierta con arcilla. Durante la noche, los animales domésticos se mantenían en el área del establo para resguardarlos de animales y ladrones. ¿Qué opinas? ¿Pedro y los discípulos vivían en este tipo de casa en Cafarnaúm? Colorea la imagen.

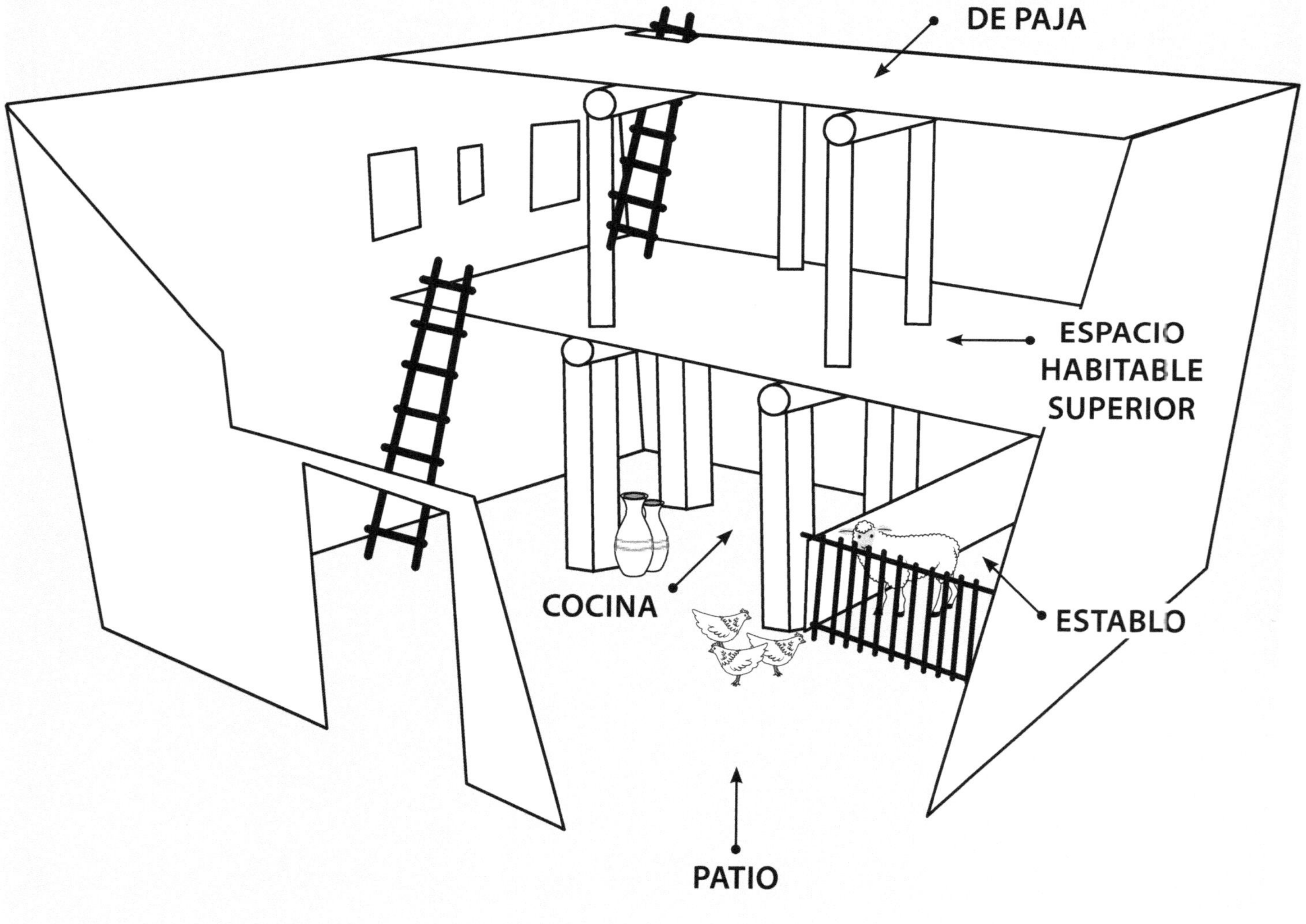

TECHO CUBIERTO DE PAJA

ESPACIO HABITABLE SUPERIOR

COCINA

ESTABLO

PATIO

www.biblepathwayadventures.com
¡Ha resucitado! Libro de actividades

68

© BPA Publishing Ltd 2023

Datos de los discípulos

Yeshua enseñó a Sus discípulos a discipular a otros. ¿Puedes nombrar a algunos de los discípulos más cercanos de Yeshua? Lee los siguientes datos y emparéjalos con el discípulo.

 Un judío; traicionó a Yeshua por 30 piezas de plata; se ahorcó.

....

 Recaudador de impuestos; también llamado Levi.

....

 Su nombre griego era Dídimo; dudó de la resurrección de Yeshua.

....

 Hermano de Jacobo, hijo de Alfeo; le preguntó a Yeshua en la última cena: "¿Cómo es que te manifestarás a nosotros, y no al mundo?" (Juan 14:22).

....

 Hermano de Jacobo; su segundo nombre era Boanerges, que significa hijo de trueno; escribió el Evangelio de Juan y Revelaciones.

....

 Su nombre significa Hijo de Tolmai; vivió en Caná.

....

Vino de Betsaida; uno de los primeros discípulos.

....

 Pescador; casado; negó conocer a Yeshua tres veces.

....

 Hijo de Zebedeo; predicó en Jerusalén y Judea; fue decapitado por Herodes en 44 d.C.

....

 Hermano de Pedro; pescador; originalmente un discípulo de Juan el Bautista.

....

ANDRÉS   JUDAS
BARTOLOMÉ   JUDAS TADEO
JACOBO, HIJO DE ZEBEDEO   MATEO
TOMÁS   PEDRO
JUAN   FELIPE

Dag

La palabra hebrea para pez es dag. Algunos de los discípulos del Mesías (Andrés, Pedro, Jacobo y Juan) eran pescadores. Vivían en la aldea de Cafarnaúm, o cerca de ella, y se ganaban la vida pescando en el mar de Galilea.

Dag

דָּגִים

Pez

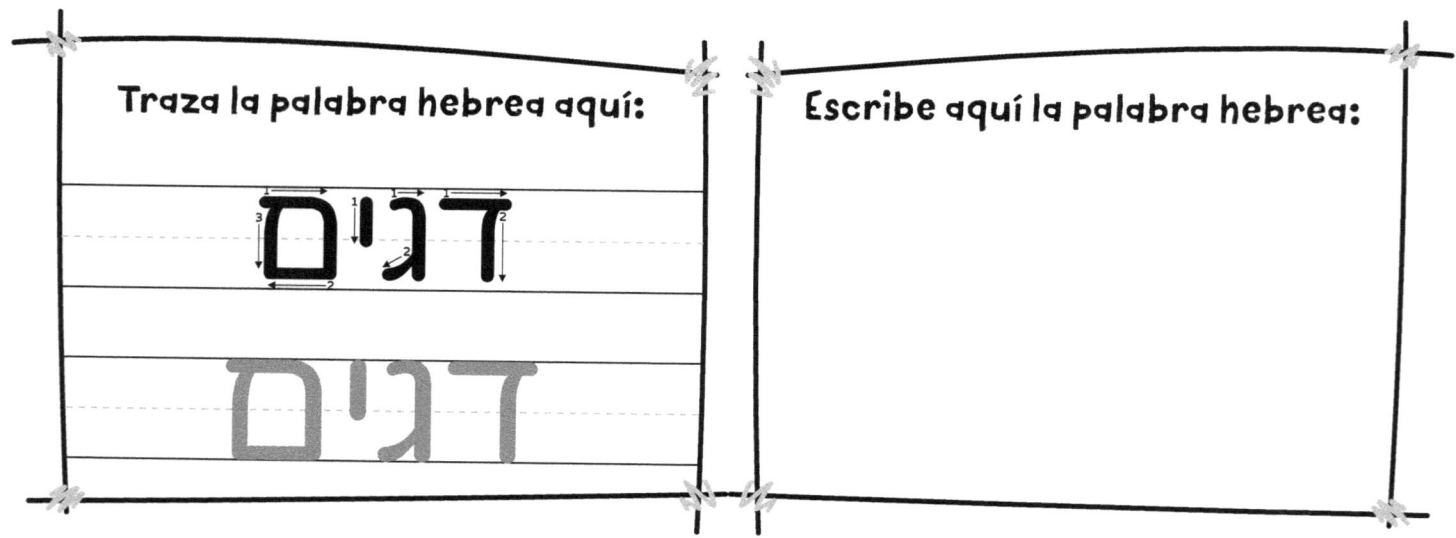

Traza la palabra hebrea aquí:

Escribe aquí la palabra hebrea:

www.biblepathwayadventures.com
¡Ha resucitado! Libro de actividades

70

© BPA Publishing Ltd 2023

¡Vamos a escribir!

Practica a escribir esta palabra hebrea en las líneas de abajo.

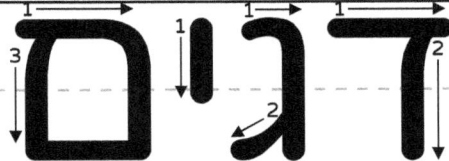

דגים

Inténtalo por tu cuenta.
Recuerda que el hebreo se lee de DERECHA a IZQUIERDA.

www.biblepathwayadventures.com
¡Ha resucitado! Libro de actividades

71

¡Haz un pez!

Se necesitará:
1. Platos de papel
2. Pintura, rotuladores o crayones
3. Tijeras y grapadora (solo adultos)
4. Barra de pegamento extra fuerte o pegamento escolar
5. Purpurina, papel de seda, ojos artesanales, papel de aluminio, lentejuelas, etc.

Instrucciones:

1. Recortar una forma de triángulo del plato de papel. Grapar o pegarlo al lado opuesto del plato para crear una cola.
2. Ayudar al niño a colorear sus peces con pintura o crayones.
3. Decorar el pez con ojos artesanales, purpurina, papel de seda, lentejuelas, etc.

¡Ta-da!

www.biblepathwayadventures.com
¡Ha resucitado! Libro de actividades

72

¿Cuál es la palabra?

Lee Juan 21:15-18 (RV1960). Usando las siguientes palabras, llena los espacios en blanco para completar el pasaje de la Biblia.

COMIDO	AMAS	IBAS	YESHUA
CORDEROS	CEÑÍAS	LLEVARÁ	TERCERA

" Cuando hubieron ...., Yeshua dijo a Simón Pedro: 'Simón, hijo de Jonás, ¿Me amas más que estos?'. Le respondió: 'Sí, Señor; tú sabes que te amo'. Él le dijo: 'Apacienta mis ....'. Volvió a decirle la segunda vez: 'Simón, hijo de Jonás, ¿Me amas?'. Pedro le respondió: 'Sí, Señor; tú sabes que te amo'. Le dijo: 'Pastorea mis ovejas'. Le dijo la tercera vez: 'Simón, hijo de Jonás, ¿me ....?'. Pedro se entristeció de que le dijese la .... vez: '¿Me amas?', y le respondió: 'Señor, tú lo sabes todo; tú sabes que te amo'. .... le dijo: 'Apacienta mis ovejas. De cierto, de cierto te digo: Cuando eras más joven, te ...., e .... a donde querías; mas cuando ya seas viejo, extenderás tus manos, y te ceñirá otro, y te .... a donde no quieras'. "

www.biblepathwayadventures.com
¡Ha resucitado! Libro de actividades

73

© BPA Publishing Ltd 2023

Los pasos del Mesías

La única Biblia disponible en la época de Yeshua era el Antiguo Testamento. Cuando hablaba a los israelitas, a menudo citaba del Antiguo Testamento (Tanakh). Lee y responde las siguientes preguntas.

1. ¿Qué versículo del Antiguo Testamento citó Yeshua en Mateo 27:46 y Marcos 15:34?

....

....

2. ¿Qué versículos del Antiguo Testamento citó Yeshua en Mateo 13:14-15?

....

....

3. ¿Qué versículo del Antiguo Testamento citó Yeshua en Lucas 19:46?

....

....

www.biblepathwayadventures.com
¡Ha resucitado! Libro de actividades

74

Día de Pentecostés

Cincuenta días después de la Fiesta de las Primicias (el día en que Yeshua se levantó de la tumba) es el Día de Pentecostés (Shavu'ot). Pentecostés es una de las Fiestas de Dios y también se conoce como la fiesta de las "Semanas". Durante los tiempos bíblicos, era uno de los tres Tiempos Designados que se esperaba que los hombres israelitas viajaran a Jerusalén para honrar. Cuando Yeshua ascendió al cielo, los discípulos estaban en Jerusalén esperando para celebrar esta fiesta.

Según algunos historiadores de la Biblia, Shavu'ot también marca el momento en que las doce tribus de Israel recibieron los diez mandamientos en el Monte Sinaí. Pedro y los discípulos estaban en Jerusalén para Shavu'ot cuando descendieron lenguas como de fuego y muchos peregrinos entendieron lo que los discípulos decían en su propio idioma. Algunos estudiosos de la Biblia creen que estos peregrinos eran descendientes de las diez tribus de Israel esparcidas entre las naciones.

1. ¿Por qué estaban Pedro y los discípulos en Jerusalén en ese momento?

....

2. Nombra dos eventos en la Biblia que ocurrieron en Shavu'ot.

....

....

¡Colorea al israelita!

www.biblepathwayadventures.com
¡Ha resucitado! Libro de actividades

75

© BPA Publishing Ltd 2023

Id y haced discípulos

Yeshua les dijo a Sus discípulos que hicieran discípulos en todas las naciones (Mateo 28:19). Después de Su muerte, ¿a dónde fueron los discípulos? Lee Mateo 10 y discute a dónde pueden haber viajado. Colorea la imagen.

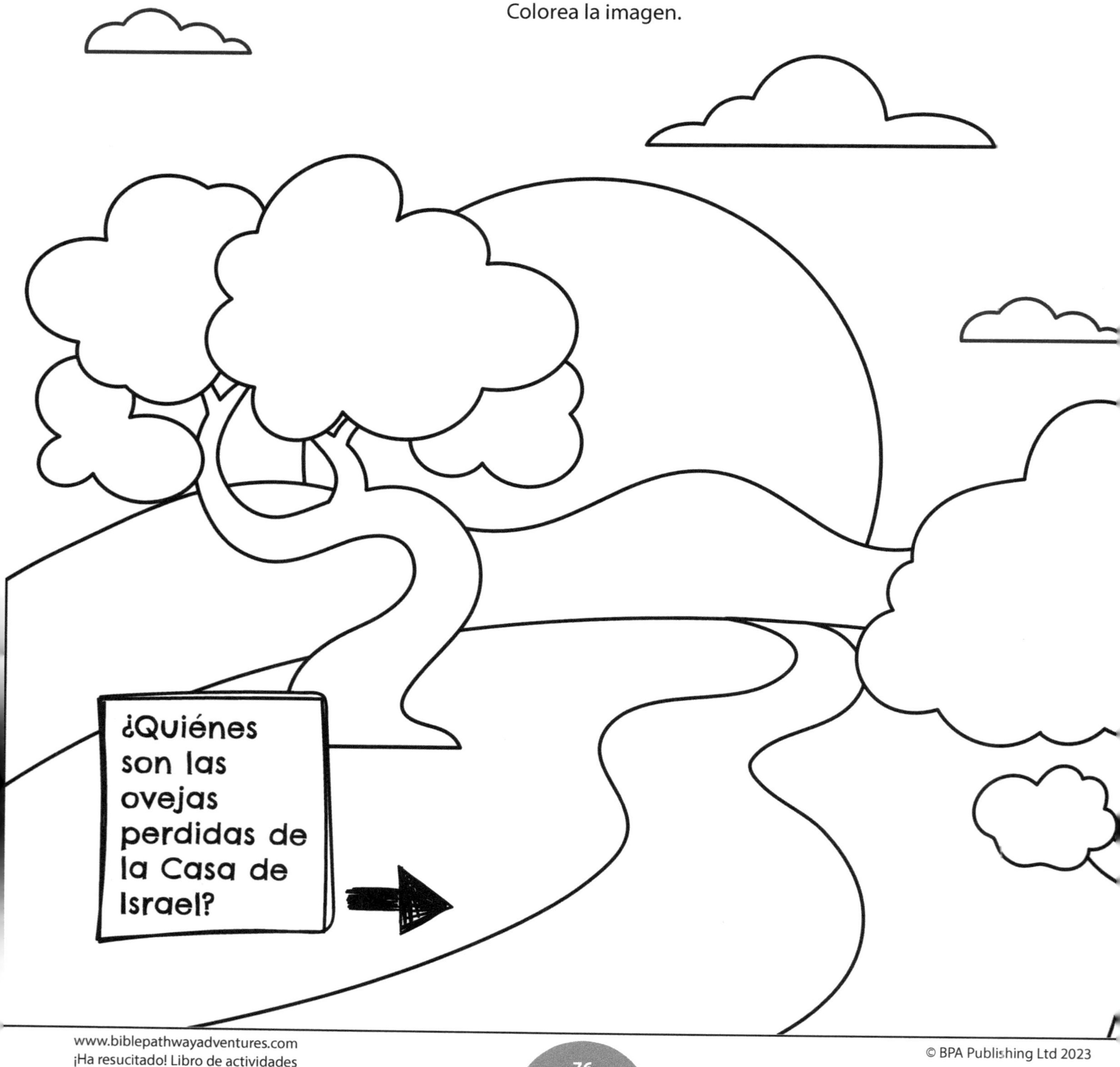

¿Quiénes son las ovejas perdidas de la Casa de Israel?

www.biblepathwayadventures.com
¡Ha resucitado! Libro de actividades

76

© BPA Publishing Ltd 2023

Bible Pathway
Adventures

Ciudad de Jerusalén

El
Tiempo de Jerusalén

HECHOS 2   DÍA DE PENTECOSTÉS   UNA PUBLICACIÓN DE HISTORIA DE LA BIBLIA

Día de adoración

....

....

....

....

....

Los israelitas celebran Shavu'ot

....

....

....

¡Llegan los peregrinos!

---

www.biblepathwayadventures.com
¡Ha resucitado! Libro de actividades

77

© BPA Publishing Ltd 2023

La
ASCENSIÓN

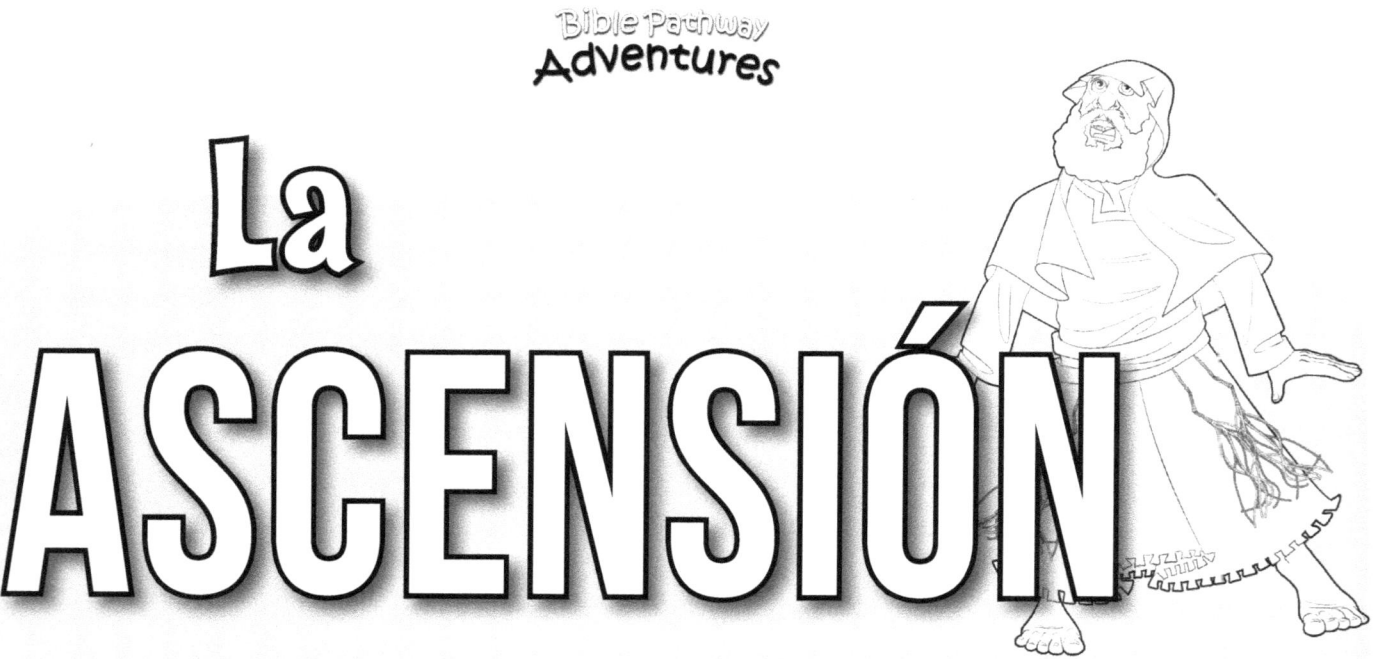

Lee Mateo 28:16-20, Marcos 16:19-20, Juan 21 y Hechos 1:1-12.
Responde las siguientes preguntas.

1. Después de que Yeshua resucitó de la tumba, ¿cuánto tiempo permaneció en la tierra antes de ascender al cielo?

2. Después de que Yeshua se apareció a Sus discípulos en Jerusalén, ¿dónde lo encontraron después?

3. ¿Quién se zambulló en el agua y nadó hacia Yeshua?

4. ¿Qué le preguntó Yeshua a Pedro tres veces?

5. ¿Qué prometió Yeshua a Sus discípulos antes de ascender al cielo?

6. ¿A dónde dijo Yeshua que Sus discípulos irían y le hablarían a la gente acerca de Él?

7. ¿En qué monte ascendió Yeshua al cielo?

8. Mientras Yeshua ascendía, ¿qué Lo escondió de los ojos de los que miraban?

9. ¿Quiénes se les aparecieron a los discípulos después de que Yeshua subió al cielo?

10. ¿Qué les dijeron estos hombres a los discípulos?

www.biblepathwayadventures.com
¡Ha resucitado! Libro de actividades

78

© BPA Publishing Ltd 2023

El Espíritu Santo

Lee Juan 16:8. El papel del Espíritu Santo es....

....
....
....
....
....
....
....
....
....

Lee I Juan 3:4. La Biblia dice que el pecado es...

....
....
....
....
....
....
....

El fruto del Espíritu Santo en mi vida es...

....
....
....
....
....
....

Lee Deuteronomio 6:24-25. Somos justos si...

....
....
....
....
....

www.biblepathwayadventures.com
¡Ha resucitado! Libro de actividades

79

© BPA Publishing Ltd 2023

La ascensión

"Entonces los que se habían reunido le preguntaron, diciendo: 'Señor, ¿restaurarás el reino a Israel en este tiempo?'. Y les dijo: 'No os toca a vosotros saber los tiempos o las sazones, que el Padre puso en su sola potestad; pero recibiréis poder, cuando haya venido sobre vosotros el Espíritu Santo, y me seréis testigos en Jerusalén, en toda Judea, en Samaria, y hasta lo último de la tierra'. Y habiendo dicho estas cosas, viéndolo ellos, fue alzado, y le recibió una nube que le ocultó de sus ojos. Y estando ellos con los ojos puestos en el cielo, entre tanto que Él se iba, he aquí se pusieron junto a ellos dos varones con vestiduras blancas, los cuales también les dijeron: 'Varones galileos, ¿por qué estáis mirando al cielo? Este mismo Yeshua, que ha sido tomado de vosotros al cielo, así vendrá como le habéis visto ir al cielo'. Entonces volvieron a Jerusalén desde el monte que se llama del Olivar, el cual está cerca de Jerusalén, camino de un día de Sabbat" (Hechos 1:6-12).

Lee Hechos 1:1-12. Responde las siguientes preguntas.

1. ¿Qué le preguntaron los discípulos a Yeshua cuando se reunieron?

2. ¿Qué les dijo Yeshua a los discípulos?

3. ¿Qué sucedió cuando Yeshua dijo estas cosas?

4. ¿Qué les dijeron los dos hombres vestidos de blanco a los discípulos?

Hechos 1:1-12

Escribe un resumen corto

....

....

....

....

Hoy, Dios me enseñó...

....

....

....

| Versículo clave | Personas clave | Idea clave |

www.biblepathwayadventures.com
¡Ha resucitado! Libro de actividades

81

Manualidades Y Proyectos

www.biblepathwayadventures.com
¡Ha resucitado! Libro de actividades

82

© BPA Publishing Ltd 2023

Haz a Gólgota en un plato de papel

Se necesitará:

1. Plato de papel (uno por niño)
2. Pintura, rotuladores o creyones
3. Pegamento escolar, pegamento en barra o grapadora
4. Tijeras (solo adultos)

Instrucciones:

1. Cortar un plato de papel por la mitad. Colorear el plato de verde (para la hierba).
2. Recortar las cruces imprimibles en la página siguiente. Colorear las cruces de color marrón (para la madera).
3. Pegar o engrapar las tres cruces en la parte superior del plato de papel.

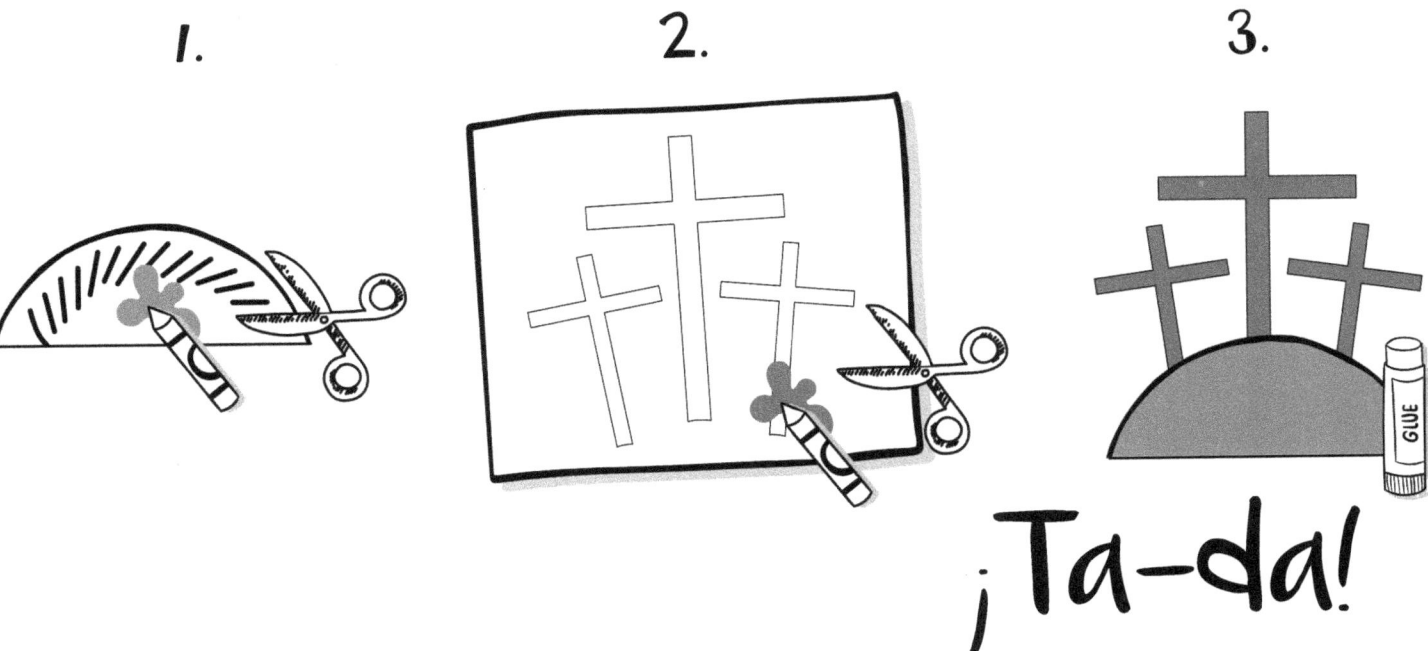

www.biblepathwayadventures.com
¡Ha resucitado! Libro de actividades

83

© BPA Publishing Ltd 2023

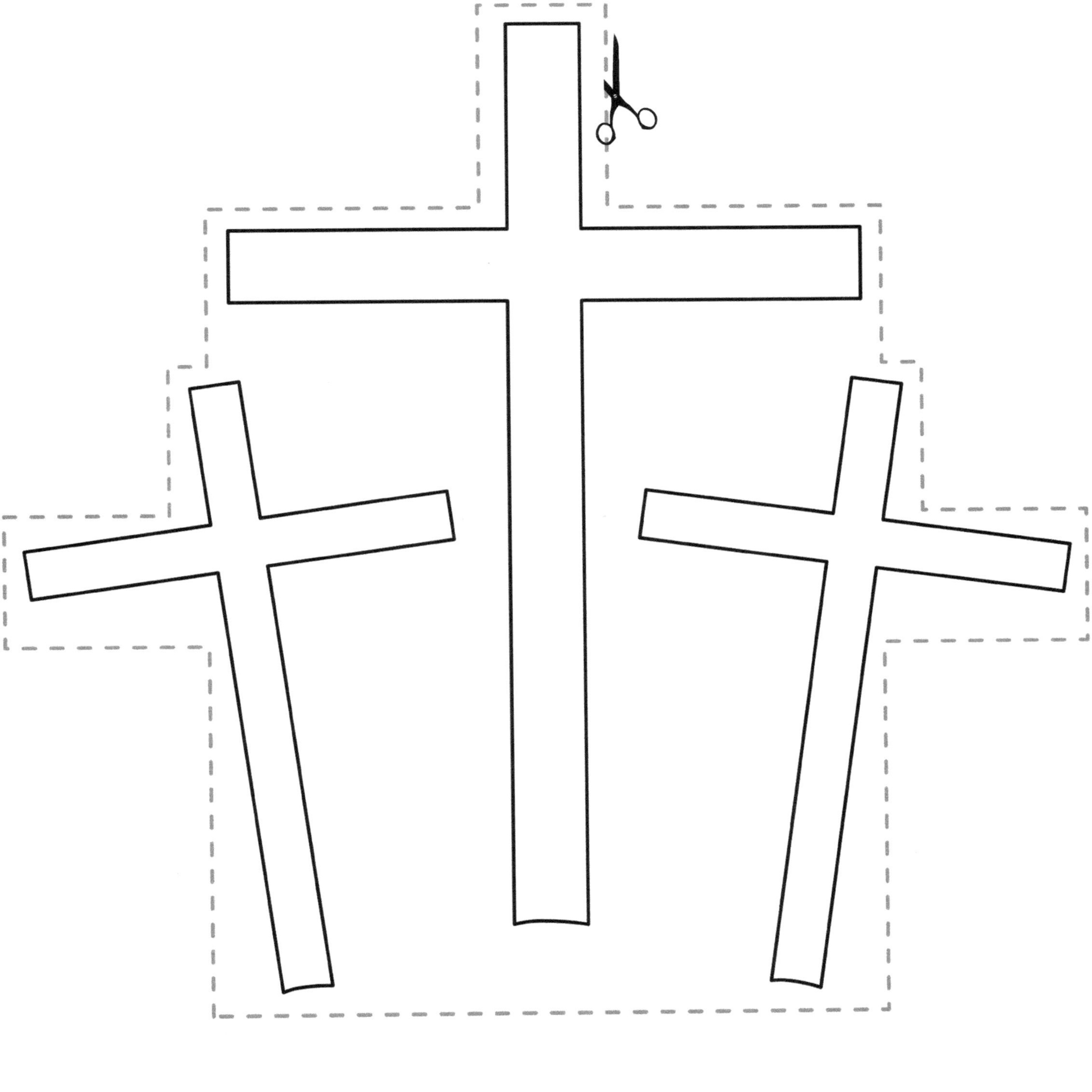

www.biblepathwayadventures.com
¡Ha resucitado! Libro de actividades

85

Haz una tumba con un plato de papel

Se necesitará:

1. Dos platos gruesos de espuma o papel (usar uno resistente con un "borde")
2. Cartulina gruesa
3. Pintura o crayones color gris
4. Personajes bíblicos de Yeshua y el ángel (ver página siguiente)
5. Tijeras (solo adultos)
6. Pegamento extra fuerte en barra o pegamento escolar

Preparación:

Imprimir los personajes bíblicos de Yeshua y el ángel. Hacer copias en cartulina gruesa y recortar los personajes.

Instrucciones:

1. Cortar los fondos de ambos platos de papel para que puedan pararse.
2. Pintar o colorear los platos de papel de gris. ¡Se deben colorear el frente y el reverso!
3. Mientras se seca el plato de papel, pedir a los niños que coloreen a Yeshua y al ángel.
4. Cortar una puerta en uno de los platos de papel. Pegar ambos platos de papel para formar una tumba.
5. Pegar el Yeshua y ángel de cartón sobre la tumba.

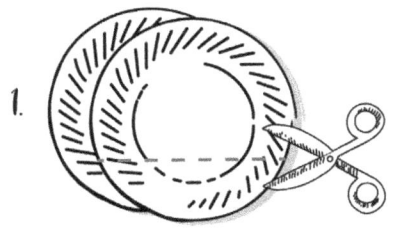

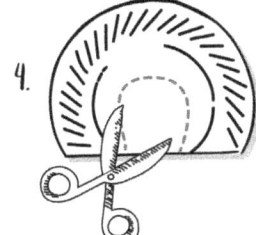

www.biblepathwayadventures.com
¡Ha resucitado! Libro de actividades

87

© BPA Publishing Ltd 2023

Personajes de la Biblia: Yeshua y el ángel.

www.biblepathwayadventures.com
¡Ha resucitado! Libro de actividades

89

© BPA Publishing Ltd 2023

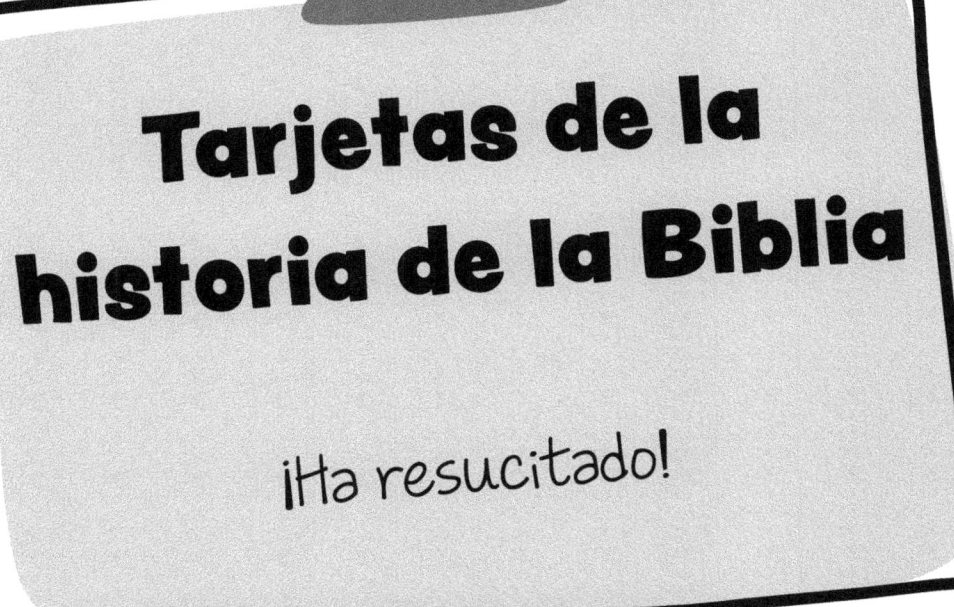

Tarjetas de la historia de la Biblia

¡Ha resucitado!

www.biblepathwayadventures.com
¡Ha resucitado! Libro de actividades

91

Entrada triunfal

Y los discípulos fueron, e hicieron como Yeshua les mandó; y trajeron el asna y el pollino, y pusieron sobre ellos sus mantos; y Él se sentó encima. Y la multitud, que era muy numerosa, tendía sus mantos en el camino; y otros cortaban ramas de los árboles, y las tendían en el camino. Y la gente que iba delante y la que iba detrás aclamaba, diciendo: ¡Hosanna al Hijo de David! ¡Bendito el que viene en el nombre del Señor! ¡Hosanna en las alturas!

Mateo 21:6-9

 Mateo 21:1-11

La última cena

Y mientras comían, tomó Yeshua el pan, y bendijo, y lo partió, y dio a Sus discípulos, y dijo: "Tomad, comed; esto es Mi cuerpo". Y tomando la copa, y habiendo dado gracias, les dio, diciendo: "Bebed de ella todos; porque esto es Mi sangre del nuevo pacto, que por muchos es derramada para remisión de los pecados. Y os digo que desde ahora no beberé más de este fruto de la vid, hasta aquel día en que lo beba nuevo con vosotros en el reino de mi Padre".

Mateo 26:26-29

 Mateo 26:17-30

Traición

Entonces uno de los doce, que se llamaba Judas Iscariote, fue a los principales sacerdotes, y les dijo: "¿Qué me queréis dar, y yo os lo entregaré?". Y ellos le asignaron treinta piezas de plata. Y desde entonces buscaba oportunidad para entregarle.

Mateo 26:14-16

 Mateo 26:14-46

Jardín de Getsemaní

Mientras todavía hablaba, vino Judas, uno de los doce, y con él mucha gente con espadas y palos, de parte de los principales sacerdotes y de los ancianos del pueblo. Y el que le entregaba les había dado señal, diciendo: "Al que yo besare, ese es; prendedle". Y en seguida se acercó a Yeshua y dijo: "¡Salve, Maestro!". Y le besó. Y Yeshua le dijo: "Amigo, ¿a qué vienes?". Entonces se acercaron y echaron mano a Yeshua, y le prendieron.

Mateo 26:47-50

Mateo 26:36-56

Yeshua ante Caifás

Los que prendieron a Yeshua le llevaron al sumo sacerdote Caifás, adonde estaban reunidos los escribas y los ancianos. Mas Pedro le seguía de lejos hasta el patio del sumo sacerdote; y entrando, se sentó con los alguaciles, para ver el fin. Y los principales sacerdotes y los ancianos y todo el concilio, buscaban falso testimonio contra Yeshua, para entregarle a la muerte, y no lo hallaron, aunque muchos testigos falsos se presentaban. Pero al fin vinieron dos testigos falsos…

Mateo 26:57-60

 Mateo 26:57-68

Negación de Pedro

Pedro estaba sentado fuera en el patio; y se le acercó una criada, diciendo: "Tú también estabas con Yeshua el galileo". Mas él negó delante de todos, diciendo: "No sé lo que dices". Saliendo él a la puerta, le vio otra, y dijo a los que estaban allí: "También este estaba con Yeshua el nazareno". Pero él negó otra vez con juramento: "No conozco al hombre". Un poco después, acercándose los que por allí estaban, dijeron a Pedro: "Verdaderamente también tú eres de ellos, porque aun tu manera de hablar te descubre". Entonces él comenzó a maldecir, y a jurar: "No conozco al hombre". Y en seguida cantó el gallo. Entonces Pedro se acordó de las palabras de Yeshua, que le había dicho: "Antes que cante el gallo, me negarás tres veces".

Mateo 26:69-75

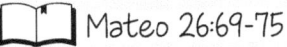 Mateo 26:69-75

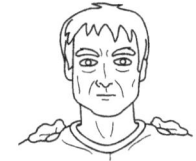

Yeshua ante Pilato

Yeshua, pues, estaba en pie delante del gobernador; y este le preguntó, diciendo: "¿Eres tú el Rey de los judíos?". Y Yeshua le dijo: "Tú lo dices". Y siendo acusado por los principales sacerdotes y por los ancianos, nada respondió. Pilato entonces le dijo: "¿No oyes cuántas cosas testifican contra ti?". Pero Yeshua no le respondió ni una palabra; de tal manera que el gobernador se maravillaba mucho.

Mateo 27:11-14

 Mateo 27:11-26

La crucifixión

Crucificaron también con él a dos ladrones, uno a su derecha, y el otro a su izquierda… Y los que pasaban le injuriaban, meneando la cabeza y diciendo: "¡Bah! Tú que derribas el templo de Dios, y en tres días lo reedificas, sálvate a ti mismo, y desciende de la cruz". De esta manera también los principales sacerdotes, escarneciendo, se decían unos a otros, con los escribas: "A otros salvó, a sí mismo no se puede salvar. El Mesías, Rey de Israel, descienda ahora de la cruz, para que veamos y creamos". También los que estaban crucificados con Él le injuriaban.

Marcos 15:27-32

Marcos 15:21-40

La Pascua

Y tomarán de la sangre, y la pondrán en los dos postes y en el dintel de las casas en que lo han de comer. Y aquella noche comerán la carne asada al fuego, y panes sin levadura; con hierbas amargas lo comerán.

Éxodo 12:7-8

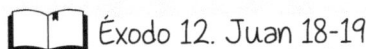 Éxodo 12. Juan 18-19

¡Ha resucitado!

Mas el ángel, respondiendo, dijo a las mujeres: "No temáis vosotras; porque yo sé que buscáis a Yeshua, el que fue crucificado. No está aquí, pues ha resucitado, como dijo. Venid, ved el lugar donde fue puesto el Señor. E id pronto y decid a sus discípulos que ha resucitado de los muertos, y he aquí va delante de vosotros a Galilea; allí le veréis. He aquí, os lo he dicho".

Mateo 28:5-7

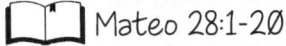 Mateo 28:1-20

La Gran Comisión

Pero los once discípulos se fueron a Galilea, al monte donde Yeshua les había ordenado. Y cuando le vieron, le adoraron; pero algunos dudaban. Y Yeshua se acercó y les habló diciendo: "Toda potestad Me es dada en el cielo y en la tierra. Por tanto, id, y haced discípulos a todas las naciones, bautizándolos en el nombre del Padre, y del Hijo, y del Espíritu Santo; enseñándoles que guarden todas las cosas que os he mandado; y he aquí Yo estoy con vosotros todos los días, hasta el fin del mundo".

Mateo 28:16-20

 Mateo 28:1-20

La ascensión

Y habiendo dicho estas cosas, viéndolo ellos, fue alzado, y le recibió una nube que le ocultó de sus ojos. Y estando ellos con los ojos puestos en el cielo, entre tanto que Él se iba, he aquí se pusieron junto a ellos dos varones con vestiduras blancas, los cuales también les dijeron: "Varones galileos, ¿por qué estáis mirando al cielo? Este mismo Yeshua, que ha sido tomado de vosotros al cielo, así vendrá como le habéis visto ir al cielo".

Hechos 1:9-11

Hechos 1:1-12

www.biblepathwayadventures.com
¡Ha resucitado! Libro de actividades

97

© BPA Publishing Ltd 2023

Guía de respuestas

Lección 1: La última cena
Repasemos:
1. Para comer juntos
2. Judas les dijo a los líderes religiosos dónde podían encontrar a Yeshua
3. Yeshua lavó los pies de Sus discípulos
4. A un jardín en el Monte de los Olivos (llamado Getsemaní)
5. Los discípulos abandonaron a Yeshua y huyeron

Cuestionario de la Biblia: La última cena
1. En un aposento alto amueblado en Jerusalén
2. Pan y vino
3. Yeshua lavó los pies de Sus discípulos
4. Judas
5. "Amaos los unos a los otros como yo os he amado. En esto conocerá todo el mundo que sois Mis discípulos"
6. Simón Pedro
7. Quién será considerado como el más grande
8. Guardar Sus mandamientos
9. El Espíritu Santo (Consolador)
10. A un jardín en el Monte de los Olivos

Sopa de letras: La última cena

Hoja de trabajo: Fiesta de los Panes sin Levadura
Repuesta a la pregunta 2:
Siete días comeréis panes sin levadura; y así el primer día haréis que no haya levadura en vuestras casas; porque cualquiera que comiere leudado desde el primer día hasta el séptimo, será cortado de Israel. El primer día habrá santa convocación, y asimismo en el séptimo día tendréis una santa convocación; ninguna obra se hará en ellos, excepto solamente que preparéis lo que cada cual haya de comer. Y guardaréis la Fiesta de los Panes sin Levadura, porque en este mismo día saqué vuestras huestes de la tierra de Egipto; por tanto, guardaréis este mandamiento en vuestras generaciones por costumbre perpetua. En el mes primero comeréis los panes sin levadura, desde el día catorce del mes por la tarde hasta el veintiuno del mes por la tarde. Por siete días no se hallará levadura en vuestras casas.

Hoja de trabajo: ¿Cuál es la palabra?
Cuando llegó la noche, se sentó a la mesa con los doce. Y mientras comían, dijo: 'De cierto os digo, que uno de vosotros me va a entregar'. Y entristecidos en gran manera, comenzó cada uno de ellos a decirle: '¿Soy yo, Señor?'. Entonces Él respondiendo, dijo: 'El que mete la mano conmigo en el plato, ese me va a entregar. A la verdad el Hijo del Hombre va, según está escrito de Él, mas ¡ay de aquel hombre por quien el Hijo del Hombre es entregado! Bueno le fuera a ese hombre no haber nacido'. Entonces respondiendo Judas, el que le entregaba, dijo: '¿Soy yo, Maestro?'. Le dijo: 'Tú lo has dicho'. Y mientras comían, tomó Yeshua el pan, y bendijo, y lo partió, y dio a Sus discípulos, y dijo: 'Tomad, comed; esto es Mi cuerpo'. Y tomando la copa, y habiendo dado gracias, les dio, diciendo: 'Bebed de ella todos; porque esto es Mi sangre del nuevo pacto, que por muchos es derramada para remisión de los pecados. Y os digo que desde ahora no beberé más de este fruto de la vid, hasta aquel día en que lo beba nuevo con vosotros en el reino de Mi Padre'.

Cuestionario de la Biblia: Monte de los Olivos
1. En Jerusalén
2. Getsemaní
3. Los tres discípulos se durmieron
4. Simón Pedro
5. Con un beso
6. Un ángel
7. 30 piezas de plata
8. La Fiesta de los Panes sin Levadura
9. Abandonaron a Yeshua y huyeron
10. Primero llevaron a Yeshua ante Anás, el suegro de Caifás, el Sumo Sacerdote. Después llevaron a Yeshua a ver a Caifás y al Sanedrín

Hoja de trabajo: Los líderes religiosos
1. Los líderes religiosos hacían las reglas sobre la vida religiosa del pueblo hebreo, y también eran gobernantes y jueces
2. Muchos líderes religiosos (como los jefes sacerdotes y los sumos sacerdotes) vivían con lujos. Financiaban su lujoso estilo de vida con un impuesto del templo que los hebreos

debían pagar. Estos impuestos del templo, combinados con los impuestos de Herodes y Roma, eran una gran carga que mantenía a muchas personas en la pobreza

Lección 2: Camino a Gólgota
Repasemos:
1. El antiguo sistema judicial judío se llamaba Sanedrín, compuesto por 70 líderes religiosos y el sumo sacerdote
2. Solo Poncio Pilato (el gobernador romano) podía sentenciar a alguien a muerte
3. Judas devolvió el dinero porque estaba lleno de remordimiento
4. Yeshua fue clavado a la estaca en un lugar llamado Gólgota
5. Dos criminales fueron crucificados al lado de Yeshua en Gólgota

Cuestionario de la Biblia: Poncio Pilato
1. Gobernador romano
2. Jerusalén
3. Asiento del juicio
4. Barrabás
5. "No tengas nada que ver con ese justo; porque hoy he padecido mucho en sueños por causa de Él".
6. Crucificarlo
7. "Inocente soy yo de la sangre de este justo; allá vosotros"
8. Corona de espinas
9. José de Arimatea
10. Los líderes religiosos estaban preocupados de que los discípulos de Yeshua robaran Su cuerpo

Hoja de trabajo: ¿Quién fue Poncio Pilato?
1. Pilato fue acusado de comportamiento duro, orgullo, violencia, codicia, ejecuciones sin juicio y horrible crueldad hacia el pueblo hebreo
2. Un bloque de piedra caliza con una inscripción que dice: "Poncio Pilato, Prefecto de Judea"

Hoja de trabajo de comprensión: El pregonero del templo
Respuesta a la pregunta 1:
Los pollos estaban prohibidos porque volaban y profanaban el templo

Pregunta y colorea: Camino a Gólgota
1. Pilato, el gobernador romano
2. Un travesaño
3. Yeshua de Nazaret, rey de los judíos

Cuestionario de la Biblia: Traición
1. Discípulos
2. Un trozo de pan
3. Los líderes religiosos (jefes sacerdotes)
4. 30 piezas de plata

5. Jardín de Getsemaní
6. Con un beso
7. Maestro
8. Aceldama (Campo del Alfarero)
9. José y Matías
10. Matías

Lección 3: La crucifixión
Repasemos:
1. "Tú que derribas el templo de Dios, y en tres días lo reedificas, 30 sálvate a ti mismo, y desciende de la cruz"
2. Se sacrificaban corderos para la comida de Pascua de esa noche
3. "Padre, en Tus manos encomiendo Mi espíritu"
4. Un terremoto sacudió la ciudad, las rocas se abrieron y el velo del templo se rasgó de arriba abajo
5. El soldado romano perforó el costado de Yeshua con una lanza

Cuestionario de la Biblia: Muerte en la estaca
1. Pilato, el gobernador romano
2. Simón de Cirene
3. Gólgota
4. Rey de los judíos
5. "Dios mío, Dios mío, ¿por qué me has desamparado?"
6. Dos criminales
7. Tres horas
8. José de Arimatea
9. Una lanza
10. Tela de lino

Hoja de trabajo para colorear: Crucifixión
1. La cortina (velo) en el templo
2. Un terremoto
3. El centurión y los guardias que custodiaban a Yeshua

Cuestionario de la Biblia: La comida de Pascua
1. Dios envió diez plagas sobre Egipto
2. Pintaron los postes y dinteles de sus casas con sangre de cordero
3. Décimo día del primer mes (Aviv)
4. Al atardecer del día 14 del primer mes (Aviv)
5. Cordero, pan y hierbas amargas
6. Pan sin levadura (Matzah)
7. La Fiesta de los Panes sin Levadura
8. A lo largo de sus generaciones (para siempre)
9. Gólgota
10. Yeshua era de la tribu de Judá, una de las 12 tribus de Israel

www.biblepathwayadventures.com
¡Ha resucitado! Libro de actividades

100

© BPA Publishing Ltd 2023

Palabras desordenadas de la Biblia: ¿Quién perforó el cuerpo del mesías?

"Pero uno de los soldados le abrió el costado con una lanza, y al instante salió sangre y agua" (Juan 19:34).

Crucigrama de la Biblia: La cruz y la tumba vacía

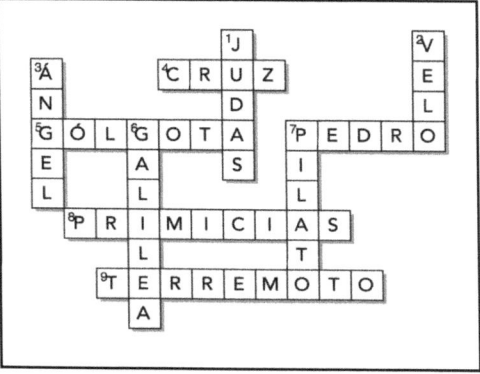

Hoja de trabajo: El templo

1. Una de las razones por las que el rey Herodes amplió el Monte del Templo fue para dar cabida a la gran cantidad de peregrinos que llegaban a Jerusalén para honrar la Pascua y la Fiesta de los Panes sin Levadura, Pentecostés (Shavu'ot) y Tabernáculos (Sukkot)
2. Los israelitas que deseaban sacrificar formaban grupos. Cada grupo sacrificaba un cordero pascual para ese grupo de personas. El cordero pascual, a diferencia de las ofrendas animales usuales, era sacrificado por los mismos israelitas. Como todas las ofrendas de paz, se ofrecía en el atrio interior y su sangre se arrojaba sobre el altar. Después de que un grupo completaba el ritual, las puertas se abrían nuevamente y entraba el siguiente grupo. Los corderos eran asados y comidos esa noche

Hoja de trabajo: ¿Verdadero o falso?

Los soldados dividieron las vestiduras de Yeshua en seis partes (falso)

Los soldados rompieron las piernas de Yeshua (falso)

Sangre y agua brotaron del cuerpo de Yeshua (verdadero)

Después de que Yeshua murió, muchas personas santas que habían muerto fueron resucitadas (verdadero)

Sobre la cabeza de Yeshua había un cartel que decía: "Este es el rey de los judíos" (verdadero)

Yeshua vio a Su abuelo parado cerca de la cruz (falso)

Lección 4: ¡Ha resucitado!
Repasemos:

1. José de Arimatea
2. Los sacerdotes tenían miedo de que los discípulos de Yeshua vinieran y robaran Su cuerpo
3. Un ángel

4. "No temáis vosotras; porque yo sé que buscáis a Yeshua, el que fue crucificado. No está aquí, pues ha resucitado, como dijo. Venid, ved el lugar donde fue puesto el Señor"
5. Los sacerdotes pagaron un soborno a los guardias para que no le dijeran a nadie lo que habían visto

Cuestionario de la Biblia: La resurrección

1. Un ángel
2. Primicias, durante la semana de los Panes sin Levadura
3. Dinero
4. María Magdalena
5. Una tumba vacía
6. "¿Por qué buscáis entre los muertos al que vive? No está aquí, sino que ha resucitado".
7. Tomás
8. Mar de Galilea
9. 40 días (Hechos 1:3)
10. Id y haced discípulos

Sopa de letras de la Biblia: ¡Ha resucitado!

Hoja de trabajo: Los jefes sacerdotes

1. Un grupo de soldados romanos
2. Un soborno (dinero)
3. Sus discípulos vinieron de noche y se lo robaron mientras dormíamos.

Hoja de trabajo: ¿Cuál es la palabra?

Pasado el Sabbat, al amanecer del primer día de la semana, vinieron María Magdalena y la otra María, a ver el sepulcro. Y hubo un gran terremoto; porque un ángel del Señor, descendiendo del cielo y llegando, removió la piedra, y se sentó sobre ella. Su aspecto era como un relámpago, y su vestido blanco como la nieve. 4 Y de miedo de él los guardas temblaron y se quedaron como muertos. Mas el ángel, respondiendo, dijo a las mujeres: 'No temáis vosotras; porque yo sé que buscáis

www.biblepathwayadventures.com
¡Ha resucitado! Libro de actividades

101

© BPA Publishing Ltd 2023

a Yeshua, el que fue crucificado. No está aquí, pues ha resucitado, como dijo. Venid, ved el lugar donde fue puesto. E id pronto y decid a Sus discípulos que ha resucitado de los muertos, y he aquí va delante de vosotros a Galilea; allí le veréis'.

Cuestionario de la Biblia: María Magdalena
1. Siete demonios
2. La madre de Yeshua y su hermana, y María esposa de Cleofás
3. José de Arimatea
4. El Sabbat
5. ¿Quién removerá la piedra de la entrada del sepulcro?
6. Un ángel
7. María Magdalena
8. El jardinero
9. Aún no había subido al Padre
10. ¡He visto a Yeshua!

Hoja de trabajo para colorear: María Magdalena
1. Un ángel
2. María Magdalena
3. "¡He visto a Yeshua!"

Lección 5: Galilea y la ascensión
Repasemos:
1. Tirar su red por la borda de nuevo
2. "Pedro, ¿me amas?", tres veces
3. Id y haced discípulos
4. Reunirse para el Día de Pentecostés (Fiesta de Shavu'ot)
5. Betania, un pueblo en el Monte de los Olivos

Hoja de trabajo: Datos de los discípulos
Andrés = 6, Bartolomé = 9, Jacobo, hijo de Zebedeo = 5, Judas = 1, Juan = 3, Judas Tadeo = 8, Mateo = 7, Pedro = 10, Felipe = 4, Tomás = 2

Hoja de trabajo: ¿Cuál es la palabra?
Cuando hubieron comido, Yeshua dijo a Simón Pedro: 'Simón, hijo de Jonás, ¿Me amas más que estos?'. Le respondió: 'Sí, Señor; tú sabes que te amo'. Él le dijo: 'Apacienta mis corderos'. Volvió a decirle la segunda vez: 'Simón, hijo de Jonás, ¿Me amas?'. Pedro le respondió: 'Sí, Señor; tú sabes que te amo'. Le dijo: 'Pastorea mis ovejas'. Le dijo la tercera vez: 'Simón, hijo de Jonás, ¿me amas?'. Pedro se entristeció de que le dijese la tercera vez: '¿Me amas?', y le respondió: 'Señor, tú lo sabes todo; tú sabes que te amo'. Yeshua le dijo: 'Apacienta mis ovejas. De cierto, de cierto te digo: Cuando eras más joven, te ceñías, e ibas a donde querías; mas cuando ya seas viejo, extenderás tus manos, y te ceñirá otro, y te llevará a donde no quieras'.

Hoja de trabajo: Los pasos del Mesías
1. Salmo 22:2
2. Isaías 6:9-10
3. Jeremías 7:11

Hoja de trabajo: Día de Pentecostés
1. Para honrar el Día de Pentecostés (Shavu'ot)
2. La entrega de los diez mandamientos en el Monte Sinaí, y las lenguas de fuego

Cuestionario de la Biblia: La ascensión
1. Cuarenta días
2. Mar de Galilea
3. Pedro
4. ¿Me amas?
5. El Espíritu Santo (Ruach HaKodesh)
6. Judea, Samaria y muchos otros países
7. Monte de los Olivos
8. Una nube
9. Dos hombres vestidos de blanco
10. Yeshua regresará a ustedes de la misma manera que se fue

Hoja de trabajo: La ascensión
1. Los discípulos le preguntaron a Yeshua si en ese momento restauraría el reino de Israel
2. Yeshua les dijo a los discípulos que no les correspondía a ellos saber los tiempos o las estaciones que el Padre ha fijado por Su propia autoridad. También les dijo que recibirían poder cuando el Espíritu Santo viniera sobre ellos, y serían Sus testigos en Jerusalén, en toda Judea y Samaria, y hasta lo último de la tierra
3. Cuando Yeshua dijo estas cosas, fue levantado y una nube lo ocultó de la vista de los discípulos
4. Los dos hombres con túnicas blancas dijeron a los discípulos que Yeshua, que había sido llevado de ellos al cielo, vendría de la misma manera que lo vieron ir al cielo

www.biblepathwayadventures.com
¡Ha resucitado! Libro de actividades
102

www.biblepathwayadventures.com
¡Ha resucitado! Libro de actividades

103

© BPA Publishing Ltd 2023

www.ingramcontent.com/pod-product-compliance
Lightning Source LLC
Chambersburg PA
CBHW041538120626
46551CB00019B/2754